実践的な進め方と手法を身につける

問題解決の技術

日沖　健　著

はじめに

1 成長する人、しない人

私は、コンサルティング・企業研修・大学院の講義といった仕事で、たくさんのビジネスパーソンにお会いしています。お会いする方々の所属する企業の業種・規模、本人の職種・経歴・年齢・性格などは、実にさまざまです。ビジネスパーソン、とくに若手・中堅の方とお会いするとき一番気になることは、その人が将来、能力をどのように伸ばし、企業や社会でどのような活躍をするか、ということです。

もちろん、お会いしたその場、そのときには、将来どうなるかはまったく判断できません。その後ずっとお付き合いがあったり、何年かたって再びお会いすることがあり、「ああ、あのときの彼（彼女）がこういうふうに変わったのか……」と感慨を持ちます。

若い頃から有能で順調に成長して活躍する方もいれば、若い頃からいまひとつでその後もあまり伸びていない方もいます。やはり気になるのは、若い頃は輝いていたのに、久しぶりにお会いしたらすっかり元気をなくしていた人です。とても残念なことです。逆に若い頃はパッとしなかったのに、見違えるように活き活きと活躍している人もいます。新鮮な驚きです。

先日も、ある素材メーカーに勤務する方と5年ぶりにお会いしました。昨今の不況で会社の状況は厳しいようですが、本人はいくつかの重要プロジェクトを任され、若手のホープとして大活躍しています。「最近、仕事がとても充実しています」と私に語ってくれました。こういう方にお会いできるのは嬉しいことです。

5年、10年という長い期間で見ると、私の知る限り、若い頃のままでいる人は少数派で、良い方、悪い方に大きく変わっている人が多いように思います。もちろん、人間性など根幹の部分がガラッと変わるわけではありませんが、ビジネスパーソンとして大きく成長する人もいれば、成長しない人もいるわけです。

2 違いは問題解決だった

では、成長する人と成長しない人の違いは、どこにあるのでしょうか。ビジネスパーソンの成長についてはいろいろな意見がありますが、私は次の2つのことが大切だと考えています。

1つは、能力を伸ばすための努力、学習をしているかどうかです。

現代のビジネスは複雑化しており、ビジネスパーソンが成果を実現するためには、高度な知識・思考力が必要とされるようになってきています。わかりやすい身近な例で言いますと、90年代半ばからＩＴ化や企業活動のグローバル化が進み、パソコン・電子メールを使って仕事をしたり、英語で外国人とコミュニケーションをとったりすることが当たり前になっています。パソコン・電子メールや英会話が基本スキルというのは、私が20代だったバブルの頃には考えられなかったことです。

ビジネスの世界は急速に変化していますから、学ぶべきこと、考えるべきことが次々と出現します。学校で3年くらいかけて学ぶことを3カ月くらいで学ぶスピード・量に相当します。当然、学生時代の成績が優秀だったという人でも、ちょっと油断して努力を怠ると置いてきぼりになります。逆に、若い頃はパッとしなかった人でも着実に努力を続ければ、成長し、成功できます。ビジネスパーソンは、学生のとき以上に学習が大切なのです。

もう1つは、問題解決に対する姿勢です。

ビジネスは問題の連続です。企画書の作成が提出期限に間に合わなさそう、品質クレームが発生した、など、次から次へと問題が発生します。当然、問題にしっかり対応すればビジネスの成果が上がり、反対にいい加減な対応をしていると、いつまでたっても問題だらけという状況になります。

このとき重要なのが、問題と向き合う〝姿勢〟です。問題に直面すると、われわれは「これは困ったことになったな」「俺はなんて不運なんだ」などと考えます。〝臭いものには蓋〟で、何とか問題を回避したい、他人や環境のせいにしたい、というのが人情でしょう。しかし、それではいつまでたっても問題はなくなりません。

成長している人は、問題と向き合う姿勢が違います。成長する人は、問題から逃げずに正面から捉え、創造的に解決し、問題の周辺にある好ましくない状況を改善します。問題解決に取り組むことによって、問題が発生する前と比べて、自分自身を取り巻く状況が改善するだけでなく、自身の能力が大きく伸びます。問題は必ずしも「困ったこと」ではなく、ビジネスパーソンを成長させる絶好の機会なのです。

もちろん、大切なのは姿勢だけではありません。問題解決の技法・プロセスを知って、問題に応じた合理的な方法で問題解決を進めることも重要なのです。

人間が成長するのは、１つは知識学習ともう１つは経験から学ぶ学習からです。積極的に問題解決に取り組んで、問題に直面した経験から学ぶことが、ビジネスパーソンの将来を決定する分岐点でもあるのです。

3 本書のねらい

本書は、問題解決の進め方について解説するビジネススキル書です。所属組織や自分自身を発展・成長させる〝良い問題〟の捉え方を中心に、問題解決の考え方とスキルを事例・演習を用いてわかりやすく解説します。概要は、以下の通りです。

第1章では、問題解決の基本プロセスを解説します。簡単な問題であれば、パッと見た瞬間に解決策が浮かび、後はきちんと実行するかどうかでしょう。しかし、複雑な問題を解決するには、プロセスを踏む必要があります。

第2章から第4章は、第1章で紹介した問題解決プロセスに沿って、問題解決の具体的な技法、発想法を学びます。

第2章では、状況分析の技法を紹介します。問題解決では、組織や自分自身の置かれた状況を冷静に分析することが大切であり、適切なフレームワークや技法を用いることによって、適切な状況分析ができるようになります。

第3章では、〝良い問題〟の捉え方を考えます。ビジネスパーソンは直面する問題に手当たり次第に対応するわけではなく、たくさんの問題の中から所属組織や自分自身にとって重要性・緊急性の高い少数の課題を形成して、重点的に解決に取り組みます。問題を解決する前に、まず、どういう問題を取り上げるかが重要になります。

第4章では、問題の原因と解決策を整理して、計画的に解決していくための技法を紹介します。勘と経験で問題解決に取り組むのではなく、ロジックツリーなど適切な技法を用いることによって問題解決の成果と確実性が高まります。

第5章では、優れた問題解決を実践し、ビジネスパーソンとして成長するために必要な能力とマインドを考察します。第4章までのプロセスや技法を知識として習得するだけでなく、問題解決の能力とマインドを高めることによって、問題が改善するだけでなく、ビジネスパーソンとして成長し、充実したビジネスライフを送ることができるでしょう。

第1章から第4章までの各章の最後に、「試してみよう」の項目を作りました。こちらは、各章の内容について皆さんご自身の問題に当てはめて、問題解決を実践していただくことを目的としています。さらに、実践に利用できるワークシートも掲載しました。本書をお読みいただいて「なるほど、そうか」と納得していただくだけでなく、実際に頭と手を動かすことによって、問題解決の実践力が高まるはずです。

本書を手にされた読者の皆さんが、正しい問題解決の考え方・技法を習得し、充実したビジネスライフを送られることを期待します。

4 対象読者

本書は、自分自身の成長と変革に意欲を持つビジネスパーソンを対象読者としていますが、経営者・管理者にとっても、マネジメント活動をする上で役に立つ内容です。

私たちは、学校を出てから職業に就きリタイアするまで、40年ほど長期間仕事を続けます。よく「会社の寿命は30年」と言われますから、会社の寿命よりも長い期間働くわけです。この長い期間を充実したものにできるかどうかは、仕事に取り組む正しい姿勢・考え方と、基本知識を若いうちに確立できるかどうかにかかっています。とりわけ、問題解決から学ぶことができるかどうかが重要です。

もくじ

第1章

問題解決のプロセス

この章では、最初に問題解決の全体像を確認します。
複雑な問題を解決するためには、
勘と経験だけでなくプロセスを踏む必要があります。
問題解決の基本プロセスを理解するとともに
プロセスの初期段階で“良い問題”を捉えること、
プロセスの段階に応じた
適切な技法を用いることが大切です。

1 問題とは何だろう？

① 問題とは、現状とあるべき姿の乖離の状態

本書で問題解決について考えていくにあたって、まず〝問題〟とは何であるかを確認しておきましょう。

私たちは日常的に「これは大問題だ！」と言ったり、上司から「君は問題意識が低いね」と言われたりします。ところで、問題とはいったい何なのでしょうか。

問題とは、**現状とあるべき姿が乖離している状態**のことです。他にもいろいろな定義がありますが、ビジネスではこれくらい簡単に捉えておけば十分でしょう。

この章では、機械メーカーで設計業務を担当する坂田さんを題材に、問題とは何なのか、問題解決を進めるプ

■図表1-1　問題とは

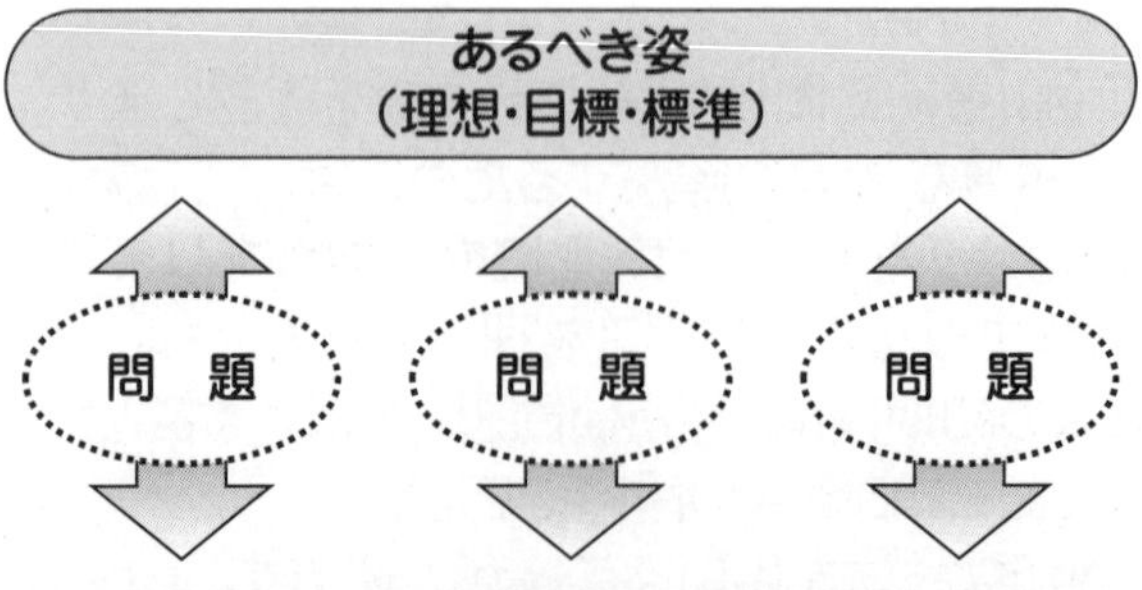

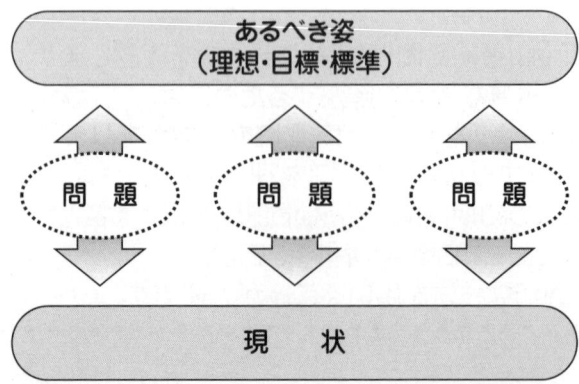

ロセスとはどのようなものかを考えていきます。

坂田さんは産業機械メーカーの東京製作所に入社し、7年目です。入社以来、設計部に勤務し、自動車・バイクなど輸送機器メーカー用の工作機械の設計を担当しています。坂田さんは、学校時代に設計を学び、入社以来ずっと設計業務を担当してきました。設計の実務知識には自信を持っており、課内ではリーダー的存在です。
しかし、最近はいろいろな問題があります。発注元の自動車メーカーが原価低減・開発スピードアップに取り組んでいる影響で、東京製作所にも低価格・短納期での設計を要求される場面が増えています。坂田さんは残業をして必死に仕事をこなし、何とか発注先の要望に応えています。ただ、この1～2年、発注先の要求がどんどん高度化し、対応が難しくなっています。何とか締め切りに間に合わせるのに精一杯で、顧客の要求の一歩先を行く新しい設計を主体的に提案することができなくなっています。

坂田さんにとっての〝あるべき姿〟は、「余裕を持って顧客からの要求に応えて原価・納期をクリアすること」、あるいは「顧客の要求の一歩先を行く新しい設計を主体的に提案すること」ですが、〝現状〟は「厳しくなる原価や納期の要求を残業で何とか満たしている状態」です。あるべき姿と現状に大きな乖離がありますから、「余裕を持って発注先の要求に応えられていない」「顧客の要求の一歩先を行く新しい設計を主体的に提案できていない」といった問題があるわけです。

②問題は客観的に存在するわけではない

ここで大切なのは、**問題は誰にとっても客観的に存在するわけではない**ということです。

もし、坂田さんが「何とか納期に間に合わせているし、お客様がとくに不満を言っているわけではない……」と思っているとしたら、とくに問題など存在しないことになります。逆に、坂田さんが新しい設計を提案するだけでなく、「誰にも真似できない革新的な設計を生み出そう」と考えているとしたら、さらにいろいろな問題があることになります。

坂田さんという個人の問題を取り上げましたが、家庭・職場・会社・社会など、あらゆるレベルで同じことが言えます。たとえば、ある会社の社長が「わが社の最大の問題は、顧客の信頼を失っていることである」と明言したとしても、それはあくまでその社長の現在の見解で将来は違った認識をするかもしれません。また、社長が交代すれば、次の社長はまったく別の認識を示すかもしれません。問題というのは、個別的・状況的・主観的なものだということです。

2 プロセスを踏んで解決する

1 なぜプロセスを踏むべきなのか

問題解決をするとき、対処すべき問題が簡単な内容のものでしたら、すぐに原因と解決策がわかります。気合を入れてしっかり実行するだけです。

坂田さんは、若手の設計担当者として普段の仕事ぶりはしっかりしていますが、たまに約束などを忘れてしまうことがあります。先日も、取引先から受注決定後に追加で要請された仕様変更をうっかり忘れて設計を進めました。本格的に作業が進む前に思い出し、事なきを得ましたが、あやうく会社に大損害を与えてしまうところでした。
こうしたミスをなくすために、坂田さんは最近、記憶に頼らず、重要だと思ったことは手帳に記入するようにしています。

もちろん、こうしたミスも放置できない問題には違いありません。ただ、長いスパンで考える場合のビジネスにおいて重要なことは、複雑で困難な問題に対処することです。たとえば、3ページの坂田さんの状況で言うと、高度化する取引先の要求に余裕を持って効率的に応えたり、顧客ニーズを先取りした提案をしたりすることです。

複雑な問題とは、次のような特徴を持つ問題です。

① 何が問題なのかわからない
② 原因がたくさんあり、何が真の原因なのかわからない
③ 解決策が多数あり、何がベストの解決策なのかわからない
④ 解決策の実現が難しい

こうした条件のある複雑な問題を解決するには、一定のプロセスを踏む必要があります。勘と経験、行き当たりばったりではなく、フェーズ分けして問題解決という最終ゴールへと進んでいきます。

問題解決に限らず、ビジネスにおいてはプロセスを踏むことが大切です。やる気満々の状態で得意分野に取り組んだときはうまく解決できるが、ちょっと苦手な問題や意欲が足りないメ

ンバーが取り組んだら極端に成果が出せない、ということではいけません。どんなときにも安定的に成果を実現するには、正しいプロセスを踏む必要があります。

②　６段階の基本プロセス

問題解決では、以下のような基本プロセスを踏みます。

Ⅰ　テーマ選定
大まかな取り組みのテーマを決めます。

Ⅱ　状況分析
テーマに関する状況を分析します。

Ⅲ　課題の（再）定義
状況分析に基づいて、課題を（再）定義し、解決目標を定めます。

Ⅳ　原因分析
問題の原因を分析します。それをＷｈｙツリーに体系化することもあります。

Ⅴ　解決策立案

解決の選択肢を列挙します。それをＨｏｗツリーやデシジョンツリーによって体系化することもあります。決定基準を明らかにして、特定の基準によって解決策を選択します。

Ⅵ　実行・評価

選択した解決策を具体化して、リソースを整えて実行します。進捗を確認し、成果を実現し、成果を評価し、定着させます。また、以上ⅠからⅤの問題解決プロセスを振り返って、次の問題解決に生かしていきます。

専門家によっては、プロセスを10段階にも15段階にも分ける場合があるようですが、細分化することにあまり大きな意味があるとは思えません。それよりも、問題解決プロセスは、大きく「問題発見」と「問題整理・解決」のプロセスに大別できることを知っておくとよいでしょう。

「問題発見」とは、どのような問題に取り組むかを決めることで、前半のⅠ、Ⅱ、Ⅲがこれに当たります。「問題整

■図表1-2　問題解決の基本プロセス

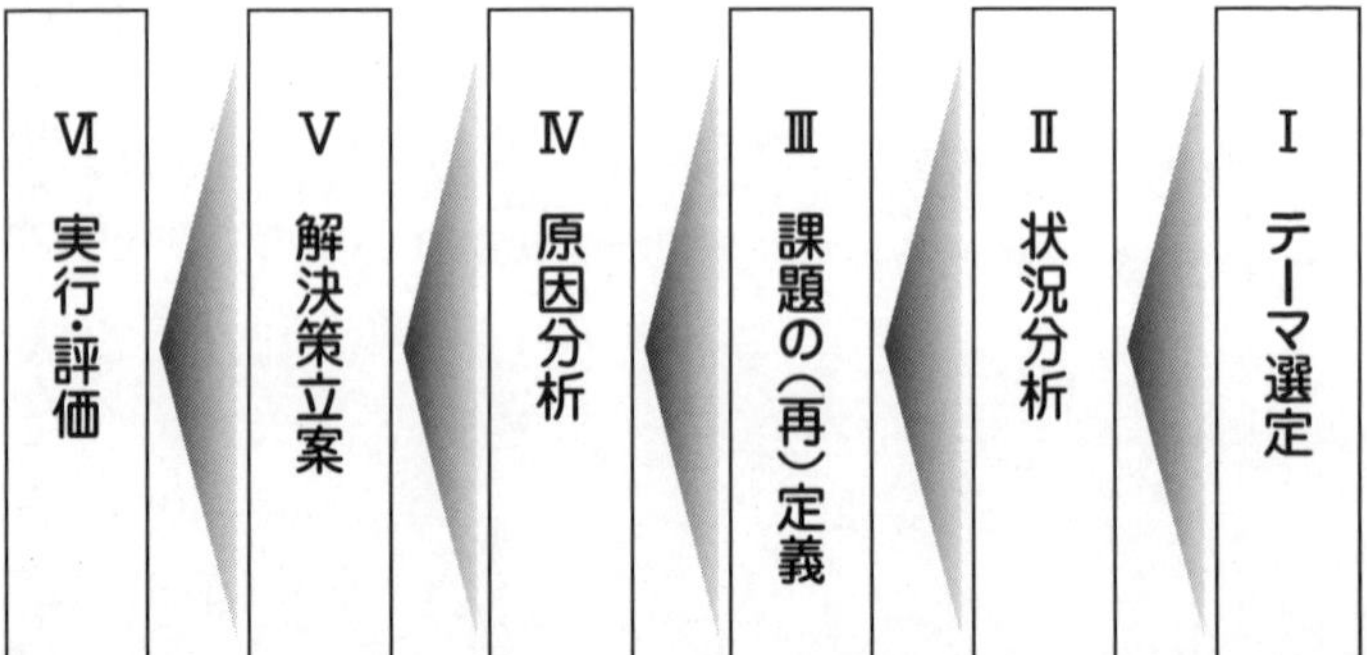

理・解決」とは、捉えた問題について解決していくことで、後半のⅣ、Ⅴ、Ⅵの部分です。

３ 柔軟にプロセスを変える

もちろん、ここで紹介したプロセスはあくまで標準的なものであって、いつでも、どのような問題でも、同じプロセスで問題解決を進めるというわけではありません。問題の種類・内容、利用できるリソース、ビジネスパーソンの能力・考え方などによって大きく異なります。

単純な問題ならば、プロセスの一部を省略することがよく行われます。昨晩飲み過ぎて始業に遅刻してしまったという場合、あれこれと状況・原因や解決策を調べる必要はありません。飲み過ぎないように注意すれば、十分でしょう。

また、工場における品質トラブルのように緊急を要する問題では、時間をかけて状況を分析するより、何よりまず迅速に応急処置を講じなければなりません。それが一段落したら、状況と原因を調べて、今後に向けて課題を定義し直してから、抜本的な対策を打つことになります。

たとえば、２００５年に起きたＪＲ西日本・福知山線の脱線事故の場合、単に同じような事故の再発を防ぐというだけなら、おそらくＡＴＳをしっかり設置すれば済むかもしれません。

しかし、それでは遺族や社会が納得しませんし、ＪＲ西日本にとっても、今後よい経営をしていくためには真の原因を究明することが大切です。実際にこの事故では、すでに「Ⅴ　解決策立案」「Ⅵ　実行・評価」がある程度行われた後も、3年以上の歳月をかけて「Ⅳ　原因分析」が徹底的に行われました。

また、標準的なプロセスに従う場合でも、プロセスの各段階のどこに重点を置くかは、ケース・バイ・ケースで大きく異なるでしょう。たとえば、まったく未知の問題なら、「Ⅱ　状況分析」を綿密に実施する必要がありますし、たくさんの利害関係者が解決策の実行に絡むような場合、「Ⅵ　実行・評価」を慎重に進めます。

このように、問題解決プロセスは非常にフレキシブルで、ケース・バイ・ケースです。杓子定規に標準プロセスを当てはめるのではなく、問題に応じて何がベストのプロセスなのか考える必要があります。

とはいえ、先ほどの標準プロセスを基本型として理解することは大切です。基本プロセスがしっかり頭に入っていると、実際の問題解決において、自分が今どの段階に取り組んでいるのかがつかめるとともに、適切なプロセスを踏んでいるのかどうかを確認できるからです。

3 問題解決プロセスの具体例

問題解決プロセスの具体例として、東京製作所の坂田さんが最近実践した問題解決を、先ほどの問題解決プロセスに沿って振り返ってみましょう。

Ⅰ テーマ選定

昨年末からの坂田さんの悩みは、業務がなかなかはかどらず、残業が多いことでした。とくに今年前半は新規案件が立て込んで、深夜残業・休日出勤で何とか締め切りに間に合わせる状態が続いていました。残業時間が労働組合との協定をオーバーし、人事部からは警告を受けてしまい、2カ月前には、課長から「業務効率化」と「残業時間削減」を課題として言い渡されました。

Ⅱ 状況分析

課長から課題を言い渡されて、まず坂田さんは、状況分析をしました。坂田さんは、昨年後半から新製品の設計と既存製品の仕様変更など新規案件について、相次いで担当を任されるようになりました。東京製作所では、不況の影響で新卒採用を抑えてきた一方、2008年以降団塊の世代のベテランメンバーが相次いで定年退職し、技能の高い設計担当者が不足しています。設計部では、坂田さんなど若手・中堅にかかる業務負荷が年々高まっています。

坂田さんは、残業・休日出勤で何とか締め切りに間に合わせ顧客に迷惑をかけずに済ませてきましたが、どうしても締め切り間際のやっつけ仕事が多くなり、品質的に顧客が本当に満足しているのか不安に感じることがありました。また、会社は業績アップのために設計部に「他社を圧倒するダントツ品質」を要求しており、何とか注文をこなしている状況ではまったく満足できませんでした。

Ⅲ　課題の再定義

状況分析に基づいて、坂田さんは課題として「設計業務のプロセスを革新し、高品質の設計を提供すること」に取り組むことを決めました。せっかくの機会なので、課長から言い渡された課題にとどまらず、会社の競争力強化と顧客満足の向上を目指して、挑戦的な課題を再定義しました。

Ⅳ　原因分析

続いて坂田さんは、なぜ業務プロセスが非効率になっているのか、なぜ顧客満足が高まらないのか、という問題点について原因を分析しました。その結果、次の2点が大きな原因とわかりました。

・増え続ける業務量に対して人手不足の状態にあること
・顧客から営業経由で設計仕様書を受け取って設計に着手するやり方で、顧客のニーズに対して後追いの業務処理になっていること

V　解決策立案

人手不足と後追いの業務処理という原因に対して、解決策を検討しました。その結果、以下のような４つの解決策が浮かびました。

①一部の単純業務を外部委託業者にアウトソーシングする
②設計担当者を増やした上で、いろいろな業務を担当できるよう多能化する
③利益率が低く設計工数のかかる仕事の受注を減らす
④顧客が製品発注を企画する段階から顧客と共同で構想を練り、早い段階から設計プロセスを始める

これらの解決策について、費用対効果、顧客満足、実現性、全社目標との整合性、といった基準で評価しました。それぞれ一長一短の評価でしたが、結果として、とくに顧客満足と全社目標との整合性という点で、④が優れているという結論になりました。

Ⅵ　実行・評価

先月、坂田さんは、「顧客が製品発注を企画する段階から顧客と共同で構想を練り、早い段階から設計プロセスを始める」という構想を具体化し、設計部内および関係する営業部門の決裁承認を得ました。そして、部内にプロジェクトチームを編成して業務プロセスを見直し、営業を通して顧客に提案しました。主要顧客からは理解を得て、早速、今月から新業務プロセスで新案件に対応しています。

坂田さんら設計部員だけでなく営業担当者や顧客側の担当者も、まだ新業務プロセスに慣れていないため確認のための打ち合わせが多く、あまり業務は効率化していません。ただ、今後、新業務プロセスが定着すれば、大幅な業務合理化が見込めそうです。また、設計担当者が顧客との接点を持つことによって、ユーザー視点の設計ができるようになり、顧客ニーズに合った質の高い設計が期待できそうです。

この坂田さんの事例は、まだ完全に成果を実現していないので、問題が解決したとは言えません。しかし、基本プロセスに則った合理的な問題解決での進め方であると言えます。

4 問題解決プロセスの留意点

基本プロセスに沿った問題解決の進め方については、第2章から第4章で具体的に解説します。それに先立って、問題解決においての重要なポイントを4点確認しておきます。

① フェーズに分けて検討する

1点目は、**フェーズに分けて検討する**ことです。複雑な問題は、一足飛びに解決することはできません。プロセスのフェーズを明確に分けて段階的に解決を進めることが大切です。

問題に直面すると、私たちは、できるだけ手早く問題を片付けようとします。たとえば先ほどの坂田さんですと、課長から「残業を減らすこと！」と命令されたら、とにかく仕事が途中でも残業を打ち切って帰宅するか、定時でいったんタイムカードを通して残業を続ける、といった安直な方法を採ってしまいがちです。しかし、表面的には素早く問題の状態から抜け出せたとしても、抜本的な解決にはなっていません。

もちろん、ビジネスにおいてスピードは大切です。しかし、困難な状況から早く逃れることばかりを考えて、いい加減な問題解決になってはいけません。じっくりとフェーズに分けて問題解決を進めます。

相当に思考力が高い人でも、複数のことを同時に扱うと、なかなか良い思考作業ができません。複雑な問題を解決するプロセスでは、分析、着想、整理、判断など、いろいろなタイプの思考作業が必要で、これらを一気に片付けようとすると、問題解決の質が低下します。とくに、問題点や解決策をゼロベースで発散して考える思考法（第3章）と、集めた情報を体系化する整理・収束の思考法（第4章）では、頭脳の右脳と左脳と使うところが異なりますので、同時に行おうとすると、なかなかうまくいきません。

問題解決は発散と収束の繰り返し、仮説形成と検証の繰り返しであることを理解し、今どのフェーズを実施しているのかを明確に認識することが重要です。

② 最初が肝心！〝良い問題〟を捉える

2点目は、**プロセスの初期段階で自分自身・組織を成長・発展させる〝良い問題〟を捉え、課題を形成すること**、つまり「最初が肝心！」です。

問題解決の成否は、最初の課題形成のところで7割以上が決まるといっても過言ではありません。自分自身や所属組織にとってあまり重要でない問題を取り上げ、どんなにしっかり解決しても意味がありません。時間とエネルギーを費やすだけ、骨折損になってしまいます。たくさんある問題の中から、組織や自分自身の発展・成長にとって重要な〝良い問題〟を取り上げて、重点的に解決することが大切です。

現実には、目の前に現れた問題に条件反射的に飛びついたり、迷った挙句、重要でない問題にあれこれと中途半端に手を出したりして、成果を上げることなく、リソースを無駄にしていることが多いのではないでしょうか。

先ほどの坂田さんの場合、「残業削減」というのは、たしかに対処すべき課題ですが、残業が減ったら会社が劇的によくなるかというと、そうではないでしょう。

坂田さんは、「業務合理化」「残業削減」という課長から命じられた課題に対して、「設計業務のプロセスを革新し、高品質の設計を提供すること」という課題を再定義しました。この坂田さんの課題は、坂田さんを取り巻く状況を改善するだけではなく、適切に解決できれば会社が飛躍的によくなります。つまり、問題をきっかけに、自分自身や組織が飛躍的によくなるわけですから、〝良い問題〟と言えるのです。

〝良い問題〟を捉えるためには、幅広く状況分析をすること、高い問題意識を持つこと、既成概念にとらわれず発散思考で角度を変えて思考することなどが必要です。状況分析については第2章で、状況分析を踏まえた〝良い問題〟の捉え方については第3章で詳しく解説します。

③適切な技法を用いる

3点目は、**適切な技法を用いて問題解決を進める**ことです。

われわれは問題に直面すると、過去の経験や勘に頼って解決しようとしがちです。「過去に似たような問題がなかったかな」と思考は過去へと向かいます。

単純な問題や繰り返しの問題ならそれでも結構ですが、複雑な問題、新しい問題に対処するには、論理的なアプローチで検討するとともに、さまざまな問題解決技法を的確に用いることが欠かせません。

■図表1-3　問題解決プロセスと主な技法

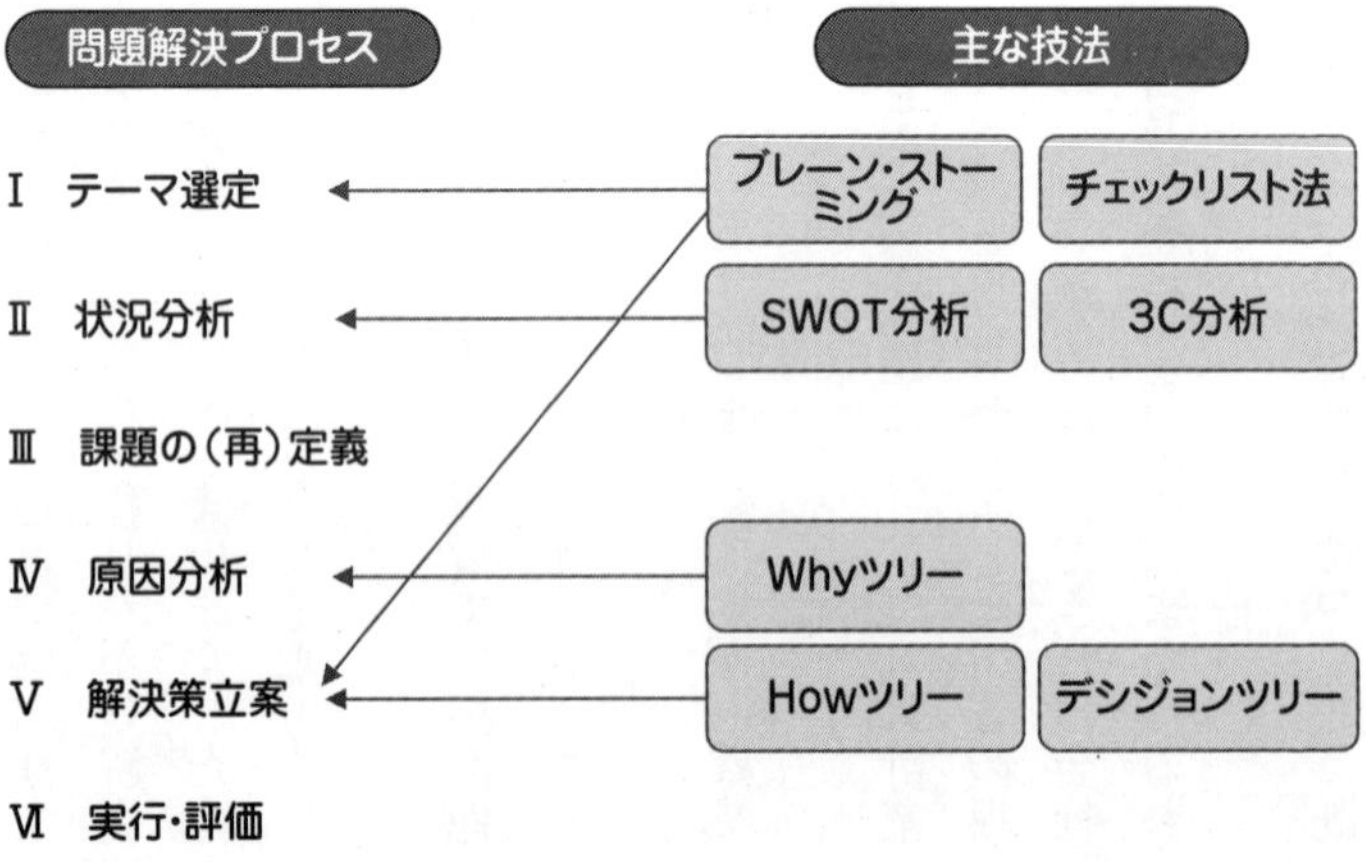

問題解決には、すでに効果が証明された数々の有用な技法があります。問題の内容に応じた適切な技法をプロセスの中で用いることによって、問題解決の効果・効率が高まります。

問題の発見や解決策を発案するには、SWOTなどの分析技法やフレームワーク、ブレーン・ストーミングなどの発散技法を用います。また、問題点と原因、解決策を体系的に整理するには、グルーピング、ロジックツリー、デシジョンツリーなどの整理技法を用います。

それぞれの技法については後ほどの章で紹介しますが、一つひとつの技法をしっかり理解することもさることながら、問題解決プロセスのどこで、どのように使うかが重要です。どんなに優れた技法でも、使う場面をしっかり見極め、状況に応じた使い方をしないと、十分な効果が得られません。

4 一義的に決定する

最後に4点目は、「これだ！」**という解決策を決めて、集中的に実施する**ことです。

ビジネスでは、何週間もかけて情報収集し、分析し、あれこれと検討しても、なお結論が出ないということがよくあります。決してサボっているわけではなくても、いろいろなアイデアで迷ってしまい、結論が出せなかったりします。インターネットが普及した今日、情報が集まりすぎてしまい、かえって収拾がつかなくなることがよくあります。

問題解決に情報の収集・分析の作業はもちろん欠かせませんが、分析そのものが価値を生むわけではありません。あれこれと迷っていてはだめで、最終的に多数の解決策の中から「これだ！」というものを一義的に決定し、重点的にリソースを投入して、解決の成果を実現する必要があります。たとえば、坂田さんは、解決策について4つの代替案を作った後、費用対効果、顧客満足、実現性、全社目標との整合性、という基準で評価し、解決策を決めました。代替案には一長一短がありましたが、最終的に1つに決めて、集中的に実施しました。その結果、困難な問題が解決に向かっています。

複雑な問題の場合、選択肢とそこから解決策を決める選択基準が多数あって、選択肢同士、基準同士が相対立するトレード・オフの関係になることがあります。トレード・オフというのは、「あちらを立てればこちらが立たない」という状態です。

そういう場合、あれこれと迷うだけで、なかなか決められないということになります。「決定するには、もっと情報が必要だ」「機が熟すまで、もう少し状況をしっかり見極めよう」という〝結論〟になってしまいます。

情報が足りない、時間が足りない、というのは、決定を先送りするときの言い訳にすぎません。何はともあれ決定して、問題解決に向けて重点的に活動する必要があるのです。

〔第1章〕試してみよう

■いろいろな状況で発生するいろいろな問題について安定的に成果を実現するには、適切な問題解決プロセスを身に付けることが重要です。読者の皆さんが適切な問題解決プロセスを踏んでいるのかどうか、確認しましょう。以下のような手順で考えてみてください。

●まず、皆さんが最近体験した問題解決を1つ取り上げてください。問題解決に成功したものでも失敗したものでも、どちらでも構いません。解決まで時間がかかり、苦労した、複雑な問題を取り上げるとよいでしょう。

●問題解決のプロセスがどのようなものだったか、内容を次ページの「問題解決ワークシート①《問題解決プロセス》」に記入してください。できるだけ具体的に記入してください。

●記入内容について、「4　問題解決プロセスの留意点」で紹介したポイントが守られているかどうかを確認します。

●できれば、記入内容を上司・同僚など第三者に説明すると、自分では気づかなかった点がわかってよいでしょう。

問題解決ワークシート①《問題解決プロセス》

Ⅰ　テーマ選定

Ⅱ　状況分析

Ⅲ　課題の（再）定義

Ⅳ　原因分析

Ⅴ　解決策立案

Ⅵ　実行・評価

第1章のまとめ

❶ 問題とは、現状とあるべき姿が乖離している状態です。

❷ 複雑な問題を解決するには、プロセスを踏みます。標準的な問題解決プロセスは、
Ⅰ　テーマ選定
Ⅱ　状況分析
Ⅲ　課題の（再）定義
Ⅳ　原因分析
Ⅴ　解決策立案
Ⅵ　実行・評価
です。

❸ ただ問題解決プロセスに従うだけでなく、次のような点に留意します。
- 一度にすべてを片付けようとせず、フェーズに分けて検討します。
- プロセスの初期段階で、組織・個人を発展・成長させる〝良い問題〟を捉えます。
- 要所で適切な技法を用います。
- 最後は、あれもこれもではなく、基準を明確にして一義的に決定します。

第2章

状況分析

問題解決の出発点は、
冷静かつ客観的な状況分析です。
本章では、マクロ、会社・職場、自分自身、
問題そのもの状況を体系的に分析するとともに、
将来を予測します。

1 状況分析が出発点

問題解決では、所属組織や自分自身を発展・成長させる〝良い問題〟を捉えることが大切です。第1章で確認した通り、問題とは現状とあるべき姿（理想・目標・標準）が乖離している状態ですから、〝良い問題〟を捉えるには、まず自分自身が置かれた状況や、問題が生じている状況を正確に分析する必要があります。

具体的には、以下のような事柄を分析・整理します。

① **マクロ環境分析**
広く、社会・経済・技術などがどのような状況で、どう変化しているか。

② **組織・職場の分析**
自分の所属する組織・職場がどのような状況か。

③ **タスクの分析**
自分が担当している業務（タスク）はどのような状況か。

④ **自分自身の分析**

自分自身の特徴・関心、強み・弱みなどはどのような状況か。

⑤ **問題となっている状況の分析**

何が問題になっているのか、どのような影響が出ているのか。

状況分析では、いきなり⑤の問題となっている事柄を分析するのでなく、広いところから狭いところへ、世の中全体から自分の身の回りへと焦点を絞っていき、最終的に問題を分析する、という進め方がよいでしょう。基本は、①から⑤へと順番に確認します。

いろいろと問題を抱えた状態、緊急に対処すべき問題に直面して切羽詰った状態ですと、すぐに⑤を分析し、問題解決に取り組みたいのは

■図表2-1　状況分析

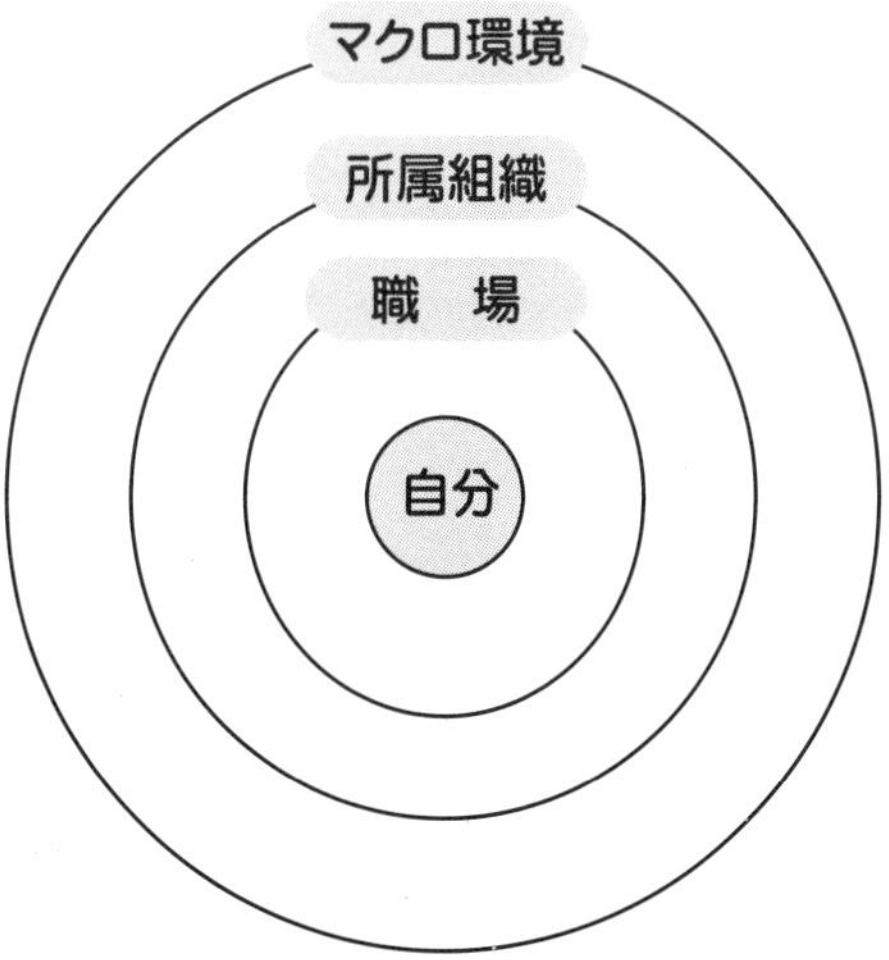

ヤマヤマかと思います。

ただ、直面している問題がすべての課題であるとは限りませんから、問題の周辺を幅広く分析するべきです。また、状況を幅広く分析することによって、拙速に取り組むよりも効果的な解決策が得られます。

2 状況分析の進め方

①マクロ環境の把握

状況分析は、広いところから狭いところへ、大きいところから小さいところへ、離れたところから身近なところへと進めます。

スタートは、マクロ環境分析です。マクロ環境とは、経済・社会・政治・技術の変化のような、**自分自身から見て統制不可能な外部要因**を意味します。少子高齢化、グローバル化、ＩＴ化、景気といった大きな動きです。

私たちは「世の中のことを知っても、個人としてはどうしようもないのでは?」「問題解決とはあまり関係ないのでは?」とつい思いがちです。今日、明日という範囲ではたしかにその通りで、マクロの情報を収集しても好奇心が満たされる以外は、時間がかかるだけです。しかし、数年以上の長期スパンで考えると、マクロ環境要因は私たちの仕事や問題を確実に左右するのです。

たとえば、〝このところ職場で残業が減ってきた〟というとき、２００８年のリーマンショック以降の不況が関係しているでしょう。〝このところ社内に派遣社員や外国人労働者が増えてきた〟とすれば、労働法規の規制緩和や経済のグローバル化が影響しているはずです。ニュースで見聞きするこうした世の中の動きは、決して私たちのビジネスと無関係ではないのです。マクロ環境を分析するとき、ＰＥＳＴ（Politics・Economy・Society・Technology）のフレームワークを活用すると、体系的な分析ができます。

◎Politics
政治の動向。国政・地方行政の動向、法規制・税制の変更など。

◎Economy
経済の動向。景気は上向きか、下向きか。所得・消費・投資の動向など。

◎Society
社会の動向。少子高齢化など人口動態の変化、エコロジーなど人々の価値観の変化、社会トレンドなど。

◎Technology
技術の動向。ＩＴ化、環境技術など、技術トレンド、イノベーション。

この章では、中堅食品スーパーのスマイルで生鮮食品の仕入担当をしている谷本さんを例にとって、状況分析の進め方について考えていきましょう。

　谷本さんは入社8年目の中堅社員です。仕事熱心・勉強熱心と評価されています。仕入業務はすでに3年目で、業務処理には自信がありますが、最近、仕入業務がどんどん複雑化・高度化し、ときには難しい対応を迫られることがあります。
　その背景的要因としては、2003年に食品安全基本法が制定され、原産地の表示などが厳格になりました。【Politics】
　経済のグローバル化で世界中のいろいろな地域から輸入品が入ってくるようになり、扱い品目が多様化しました。また、不況の影響で高価格商品の売れ行きが落ちて、低価格商品が人気を集めています。【Economy】
　食品偽装問題の多発などを背景に、消費者が食の安全・安心を強く求めるようになりました。また、リサイクルに対する要望が増えています。【Society】
　ITの発達によって、商品を産地から消費者に届けるまでの流通履歴を確認するトレーサビリティができるようになり、対応が必要になっています。【Technology】

② 情報感度を高める

こうしたマクロ環境を正しく認識するには、**日頃からアンテナを高く張っておく**よう心がけます。一日一度、10分程度でもよいので、毎日欠かさず新聞・テレビ・インターネットなどでニュースをチェックする癖をつけると、情報感度が飛躍的に高まるでしょう。

網羅性と情報の質という点では新聞を読むのが一番ですが、速報性ではインターネットも優れています。どちらでも自分のスタイルに合う方法でよいと思います。とにかく、毎日続けることが大切です。

ニュース・情報は山ほどありますから、情報収集するとき、手当たり次第に収集・分析していては時間がいくらあっても足りません。情報をいたずらにかき集めるのでなく、所属組織のビジネスや自分自身の業務と関係がありそうな分野・ポイントに絞って、仮説を持って収集するとよいでしょう。たとえば、夏の気温が低かったとしたら、闇雲に「冷夏・影響」で検索をかけるのではなく、「冷夏によって夏から秋に収穫を迎える野菜の生育が悪く、卸売価格が高くなっているだろう」と仮説を作り、それが確認できる情報を収集します。

情報の真偽を確かめ、正確な情報を集めることも大切です。せっかく苦労して情報を集めたのに、「その情報はちょっとウソっぽいから、しっかり裏を取ってよ」と言われたら、二度手間になってしまいます。とくにインターネット上の情報は、玉石混交、というよりほとんどガラクタの山ですから、信頼できるサイトを中心に効率的に情報収集することを心がけます。

また、情報それ自体には価値はなく、最終的には情報を使って問題を形成することができてはじめて大きな意味を持ちます。所属組織や自分自身の業務にどのような影響を及ぼすのか、という意味合い（implication）を常に考えながら情報を収集・分析します。社会的に重大なニュースでも、所属組織や自分自身にはさほど重要でないことがあります。逆に、社会一般には些細なニュースでも、所属組織や自分自身には重大であるということもよくあります。

3 組織・職場の状況分析

続いて、所属組織や職場の状況を分析します。ビジネスにおける問題は、所属組織や職場の特定の状況において発生します。景気悪化で会社の業績が悪くなるとコスト削減への取り組みを求められたり、会社が新規事業を始めたら販路開拓のための営業活動が必要になったり、という具合です。私たちの仕事における問題は、所属組織や職場の状況によって大きく左右されます。所属組織・職場の状況を体系的に分析する必要があるわけです。

所属組織の分析では、以下のような項目を検討します。よく3C分析と言われるように、企業を分析するとき、**自社（Company）**だけでなく、**市場・顧客（Customer）**や**業界・競合（Competitor）**についても分析するとよいでしょう。

① ビジョン・目標・計画
組織として何を目指し、どのような存在として社会・顧客に貢献しようとしているのか。そのために、どのような定性・定量目標や計画を持っているのか。

② 市場・顧客の状況
市場の特徴・規模・成長率、トレンド、セグメンテーション、顧客の業種・数・特徴など。

③ 業界動向
所属する業界のトレンド、規制、業界団体など。

④ 競合との競争状況
主要なプレイヤーの特徴・戦略、自社のポジション。

⑤ 組織
社員数、組織構造（組織図）、権限と責任の分担。

⑥ オペレーション

顧客へのサービス・製品の提供のために、業務プロセスが合理的に編成されているか。プロセスの運営は効率的か。

⑦ **組織風土**

組織の支配的な傾向。大切にしている価値観。

⑧ **業績**

売上、利益、生産量・販売量など。

谷本さんは、勤務するスマイルの組織全体の状況分析をしました。

スマイルは、「笑顔のある豊かな食生活のパートナー」というビジョンを掲げ、食品スーパー39店舗を展開。全店舗が出店地域の一番店になり、5年以内に売上高500億円、経常利益20億円以上を達成し、株式上場することを目指しています。**【ビジョン・目標・計画】**

食品スーパー業界では、食品偽装問題の多発を受けて、食品の安全衛生への取り組みを迫られています。また、食品廃棄物のリサイクルなど、資源・環境問題への対応が重要課題になっています。**【業界】**

スマイルは東京郊外の中高所得層が多い地区に出店しており、価格よりも品質を重視する30代から50代の主婦層をターゲットにしています。積極的な出店とともに売上を伸ばし

てきましたが、この数年は、低価格化の影響で、単価が低下傾向にあります。**【市場・顧客の状況】**
このところ各出店地域で、大手GMSや百貨店系のスーパーと競合しており、販売競争は過熱しています。スマイルを含め各社とも特売や広告費を増やしていますが、効果はいまひとつで、経営状況は厳しくなっています。**【競合の状況】**
チェーン展開による効率経営を目指しており、仕入れは原則として本部一括ですが、店長には、パート採用、広告出稿など販売面の権限が与えられています。**【オペレーション】**
従業員は、正社員330名、パート・アルバイトが510名。コミュニケーションや教育が盛んで、店長以下、店舗には活気がありますが、競争激化で目標未達成ということが増えており、一部の店では、士気が低下しています。**【組織・組織風土】**
売上高400億円、経常利益13億円で、業績はこのところ伸び悩んでいます。**【業績】**

こうした所属組織全体の状況は、なかなかつかみにくいかもしれませんが、常にアンテナを張って情報を仕入れるようにします。大枠の情報は業界紙や各社のホームページで入手することができるでしょう。自社については、トップの年頭所感や決算発表など、組織の状況を知る機会があるでしょうから、そういう機会は逃さないようにします。

4 部門・職場の分析

さらに、所属組織の中でも自身が所属する部門・職場を、次のような項目で分析します。

① ミッション・目標

全社の中で、この部門・職場に期待される役割、定性的・定量的な目標。

② 業務プロセス

どこ（他部門など）からどのような経営資源（情報・モノ）をインプットし、どのような仕事の進め方、作業プロセスによってアウトプットを生産し、アウトプットを誰（他部門、顧客など）に提供しているか。プロセスは効率的に運営されているか。

③ 物理的環境

職場の場所、関係部署との関係、勤務時間など。

④ 構成員

どのような特徴・スキル・姿勢を持った人が何人いるか。

⑤ 貢献の相手先

職場のアウトプットを提供する相手先は誰か（顧客や他部門）。相手先はどのようなニーズを持ち、職場のアウトプットに満足しているか。

⑥ **職場風土**

メンバーに対して支配的な考え方。メンバーが活き活きと働いているか。

⑦ **業績（パフォーマンス）**

生産・販売量、売上高・利益、顧客満足など。

谷本さんは、所属する調達グループの状況を分析しました。

スマイルにおける調達グループの役割は、消費者にアピールする新鮮でおいしい食品を安定的に調達することです。また、会社の収益を向上させるために、売上高原価率を前年比２％低減することを目指しています。**【ミッション・目標】**

会社の経営方針や各店舗の売れ筋情報などを参考にして、約250社ある仕入先に発注をするのが基本業務です。**【業務プロセス】**

課長以下、生鮮・精肉・日配など品目グループ別に6名の仕入担当者（バイヤー）がいます。同規模の他社と比べて、少ない人員で効率的に業務を運営しています。**【構成員】**

業務の貢献先は各店舗の店長・販売担当者です。各店長からは、「中高所得者にアピー

ルする、ライバルにはないアイテムを開拓してほしい」という要求が出ています。**【貢献の相手先】**

各担当者は仕入商品の専門知識を高めることに熱心で、仕事に対する厳しさがあります。ただし、自分の担当領域に閉じこもる傾向があり、職場のコミュニケーションは活発ではありません。**【職場風土】**

オペレーションを回すことに集中しがちで、差別化された商品の開拓や原価低減といった目標は達成できていません。**【パフォーマンス】**

5 タスクの分析

続いて、自分自身の業務（タスク）の状況を分析します。現在問題になっていることに限らず、以下のように多面的に分析します。

① **担当業務**

担当業務の仕事の内容、量、進め方、権限と責任。

② **ミッション**

自分は職場・部門・所属組織の中で、どのような役割を期待されているか。

③ **関係者**

仕事を進める上で、職場内や社内外にどのような関係者がいるか。そうした人たちとの関係は良好か。

④ **リソース・権限**

人・モノ・金（予算）・情報など、仕事を進める上で必要なリソースは何か。必要なリソースが手当できているか。

⑤ **管理・報告・評価の仕組み**

仕事の進め方や成果を誰からどのように管理されているか。誰に成果を報告し、誰から評価されるか。報告・評価の頻度は。

谷本さんは、調達グループで生鮮食品の仕入業務を担当しています。経営企画室から伝達される月間販売計画を元に月間仕入計画を策定し、それに基づいて、店頭での販売・在庫情報を見ながら、約40社ある仕入先に発注をします。また、仕入先の取捨選択や新商品の開拓も重要な役割です。**【担当業務】**

グループ内では、オペレーションを円滑に進めるだけでなく、魅力的な新商品の開拓や調達方法の合理化なども期待されています。**【ミッション】**

仕事を進める上で、各店の店長・生鮮売り場チーフから、販売動向を情報収集することが欠かせません。仕入先の約40社の営業担当者とも緊密に情報交換をします。谷本さんはこうした関係者とのコミュニケーションを心がけており、関係は良好です。**【関係者】**

承認された月間仕入計画の範囲内であれば、谷本さんの裁量で自由に発注できます。計画を超える発注や新しい仕入先との取引開始は、本部長承認を受けます。**【リソース・権限】**

6 自分自身を見つめ直す

最後に、自分自身についても分析するとよいでしょう。問題というのは、誰に対しても客観的に存在しているわけではなく、何が問題であるかは人それぞれに違います。問題を認識したり、課題を形成したりするとき、その人の性格・価値観・経験などに大きく左右されます。

たとえば、入社以来4年間経理部門に所属していた若手社員が営業部門に人事異動するという場合、本人が大学で会計学を専攻し、経理部門でのキャリア形成を願っていたとしたら、今回の異動自体が大問題であり、経理部門への復帰や経理のスキルが生かせる他社への転職が課題となることがあります。一方、本人が外交的で新しいもの好きな性格であれば、異動自体は歓迎でしょうが、新しい業務でのスキルやネットワークを持っていないことが問題になります。立場の違いによって、まったく違った問題が生まれました。

自分のことなど分析するまでもないと思われるかもしれませんが、わかっているようで意外とわかっていないものです。当たり前だと思うことも含めて、以下のような点について幅広く振り返ってみるとよいでしょう。

① 仕事における目標

どのような状態を目指して仕事に取り組んでいるのか。

② これまでの経歴・経験

学歴・職歴、経験。これまで経験してきたことの中で、自分自身の人格や仕事スタイルなどの形成に影響を与えているのは何か。

③ キャリア・ビジョン

職業生活において、どのようなキャリア（経歴）を過ごしてきたか、また今後どう過ごしたいかという希望・目標。

④ 性格・特徴

⑤ 価値観・信条
何を大切にして仕事に取り組んでいるのか。生活や人生についての主義・主張。

⑥ 関心
仕事や私生活において関心を持っていることは何か。何をしているときが一番充実しているか。趣味、社外活動。

⑦ 強みと弱み
スキル、資格、性格、経験。

⑧ 人的ネットワーク
仕事での関係者・協力者、家族・友人など私的な関係。ネットワークは活性化しているか。

谷本さんは、職場において信頼される中心的な役割を果たすとともに、流通の仕事を通して地域の消費者に貢献することも目指しています。**【目標】**
「何事もまず挑戦」がモットーです。**【価値観・信条】**
大学でマーケティングを学び、入社以来、店舗で日配品や惣菜の販売を5年担当した後、仕入業務を担当しています。**【経歴・経験】**

将来は、営業企画や物流などにも専門領域を広げるとともに、管理職としてチームを率いる立場になることを希望しています。【キャリア・ビジョン】
性格は積極果敢で、新しいことに挑戦するのが好きです。反面、軽はずみなところがあり、たまに不注意で手痛いミスをします。【性格・特徴】【強み・弱み】

自分自身の分析は、問題が発生するたびに頻繁に行う必要はありません。たとえば、一年の目標を立てるとき、新しい職場に配属されたときなど、節目を捉えての実施で十分でしょう。

また、自分自身のことを客観的・冷静に分析するのは難しいですから、第三者からの評価・フィードバックを受けるとよいでしょう。職場の上司・同僚、取引先、家族、友人などに意見を求めると、自分では気づかなかったところが得られて参考になるはずです。

⑦ 問題そのものの状況

最後に、仕事の中で起こっている問題と思われる状況を検討します。

厳密には、自分や所属組織・職場にとって何が問題であるのかは、このあとの第3章の検討を終えるまでわかりません。ただし、詳細な検討をしなくても、明らかに自分自身にとって困っていること、所属組織・職場において緊急に対応が迫られていることがあろうかと思います。そのような場合、優先的に分析し、対応を進めます。たとえば、担当している取引先が倒産してしまったとか、工場からの出荷物で品質トラブルが発生したという場合、他の分析はさておき、まずは問題そのものの分析を進める必要があります。

問題の状況は、以下のような項目を体系的に分析するとよいでしょう。

① 問題内容

何が問題になっているか。なぜ問題と言えるのか。

② 背景

問題の背景となっている組織、事業、職場、自分自身の状況。

③ 経緯・展開

どのような状況で、どのような経過で問題が形成され、発生したか。今までのところどのように対応しているのか。

④ 原因

原因は何か。たくさん原因がある場合、真因は。

⑤ 関係者

問題によって誰が影響を受けているのか。問題の原因に関係している人は。今後の解決において関係しそうな人は。

⑥ 被害・影響の広がり

どのような被害・影響が出ているのか。また、今後どのように変化するのか。

谷本さんが直面している問題は、光星商事からの仕入商品に関する風評被害です。2週間前から、光星商事から仕入れている輸入ブロッコリーに基準量を超える農薬が含有されている、という週刊誌の憶測記事やネット掲示板での書き込みが広がり、スマイルにも利用者から30件超の問い合わせがきています。**【問題の内容】**

光星商事は、アジア諸国からの農産物の輸入で業績を伸ばしている輸入代理店です。スマイルでは、低価格の輸入農産物の品揃えを強化するため、7年前から光星商事と取引をしています。前任の担当者も、谷本さんも、光星商事をすっかり信頼しており、安全性についてはほぼ同社に任せっきりでした。**【背景】**

光星商事は早速、検査機関の調査結果を添えて「当社の輸入ブロッコリーは安全である」という旨の記者会見をするとともに、営業担当者を通してスマイルなど納入先に対応を依頼しました。しかし、この記者会見が問題への社会的関心を高めてしまったようで、

消費者からの問い合わせや苦情は逆に増えています。**【経緯・展開】**

今回の件は、光星商事も風評被害の犠牲者ですが、背景的には、低価格品と営業力を武器に強引に顧客開拓をしてきた同社の経営姿勢に対する批判がありそうです。また谷本さんは、商品の安全管理を仕入先任せにしてきたことを背景的な原因として認識しています。**【原因】**

谷本さんは、光星商事の営業担当者に情報提供を依頼し、安全性を確認するとともに、店頭で顧客に理解を求めることを各店長に依頼しています。**【対応・関係者】**

しかし、顧客からの問い合わせや苦情は収まらず、社内の一部の経営幹部からは、「さっさと光星商事との取引を停止しろ」という強硬な意見が出ています。ただ、光星商事に非があると決まったわけではないですし、現在のところ光星商事以外に輸入品の有力な仕入先がないので、谷本さんは対応に苦慮しています。**【被害・影響の広がり】**

問題の原因分析・解決策立案の進め方については、第4章で詳しく解説します。

ここでは、問題が起こっている状況を的確に捉えることを重視していますが、この場面で谷本さんは、単純に風評被害を抑えることだけでなく、この問題をきっかけに取引先との関係のあり方を見直していくべきでしょう。問題をきっかけに組織や仕事を見直し、問題発生前よりもレベルアップするならば、問題は良いことだと言えます。次の第3章では、こうした〝良い問題〟の捉え方を検討します。

以上で、状況分析が終わりました。ポイントを繰り返しますが、状況分析を進める上で重要なことは、**広く、大きなところから、狭く、小さなところへと進めていく**ことです。私たちはどうしても、身近な問題、自分自身の状況、今起こっている事柄にだけ注目しがちです。ただ、業務や組織・自分自身の状況を大きく変えるためには、できるだけ幅広く分析することを心がけましょう。

もちろん、これらの状況分析をすべて機械的に実施する必要はありません。状況を見て、必要だと思う箇所を重点的に実施すれば十分です。

⑧ 定量分析①《趨勢分析》

以上のような状況分析をするとき、できる限り定量的な分析を心がけるとよいでしょう。「わが営業一課の営業成績は悪化している」というのと、「わが営業一課の売上高は、3年連続で減少し、3年前と比べて8%減少している」では、説得力・具体性がまったく違います。

問題解決ではいろいろな定量分析の技法を用いますが、ここでは「趨勢分析」と「管理図」を紹介します。

趨勢分析は、過去からのデータを時系列にグラフ化し、増減の趨勢を分析する手法です。基準年を100にすると、問題点が見えやすくなります。

たとえば図表2-2は、ある企業の

■図表2-2　売上高と営業利益の推移

（単位:百万円）

〔年度〕	2005	2006	2007	2008	2009	2010
売上高	1,436	1,550	1,704	1,942	2,321	2,537
営業利益	542	556	580	591	622	648

■図表2-3　売上高と営業利益の推移（2005年を100とした場合）

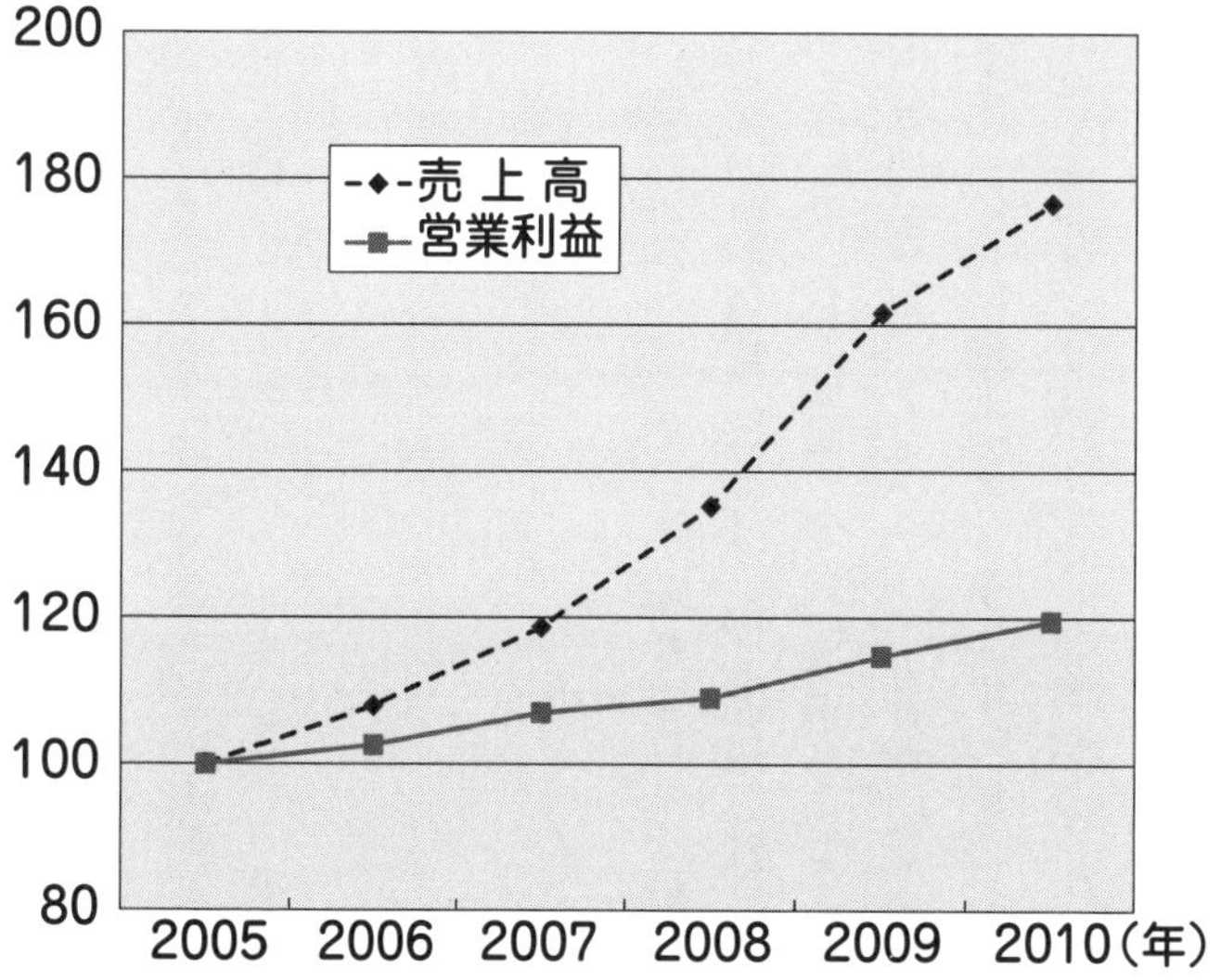

過去6年間の売上高と営業利益の推移を示しています。

この表からは売上高・営業利益ともに増加しており、何も問題ないように見えるかもしれません。しかし、図表2―3のように2005年を基準年＝100としてグラフにすると、利益率の低下が見られ、この会社はおそらく薄利多売の拡張路線を採っているのではないか、という問題点が見えてきます。

❾ 定量分析②《管理図》

管理図（control chart）は、均質な製品を作るために製造工程が安定しているかどうかを監視し、工程を管理するために考案されたグラフです。製造業の生産現場の管理でよく利用されていますが、販売業・サービス業の現場、オフィスワークなど、いろいろな場面の分析に活用できます。

管理図では、1本のCL（中心線）とUCL（上方管理限界線）LCL（下方管理限界線）を配置して、工程の状態を表す特性値をプロットします。CLは過去のデータの平均値、UCLとLCLは平均値に対し標準偏差をプラス、マイナスします（1倍、あるいは数倍）。

このとき、すべての点が上下の管理限界線内にあり、点の並びにくせがなければ、工程は管理状態にあるとみなします。

たとえば、ある航空会社では、定時発着率（決められた時間に航空機が発着する割合）を週ごとに集計し、管理図を作成しました。CLが80％、UCLが90％、LCLが70％とします。

第2週の92％のように管理限界からはみ出した点が現れた、第5週から第8週のように中心線より片側に連続して現れた（レン（連）と言います）、といった異常が現れたときには、工程は管理状態になく、異常が生じていると判断し、その原因を追求して対策を講じます。

なお、第2週の92％は、定時発着率がよかったのだから問題ないと考えがちですが、いつもと違ったやり方で作業をしていた可能性がありますから、やはり問題がなかったのかチェックします。

厳密に管理図を作成するには統計の知識が必要ですが、仕事上のデータを集計して時系列でExcelに表示するだけでも、いろいろな問題が見えてくるでしょう。

■図表2-4　管理図の例

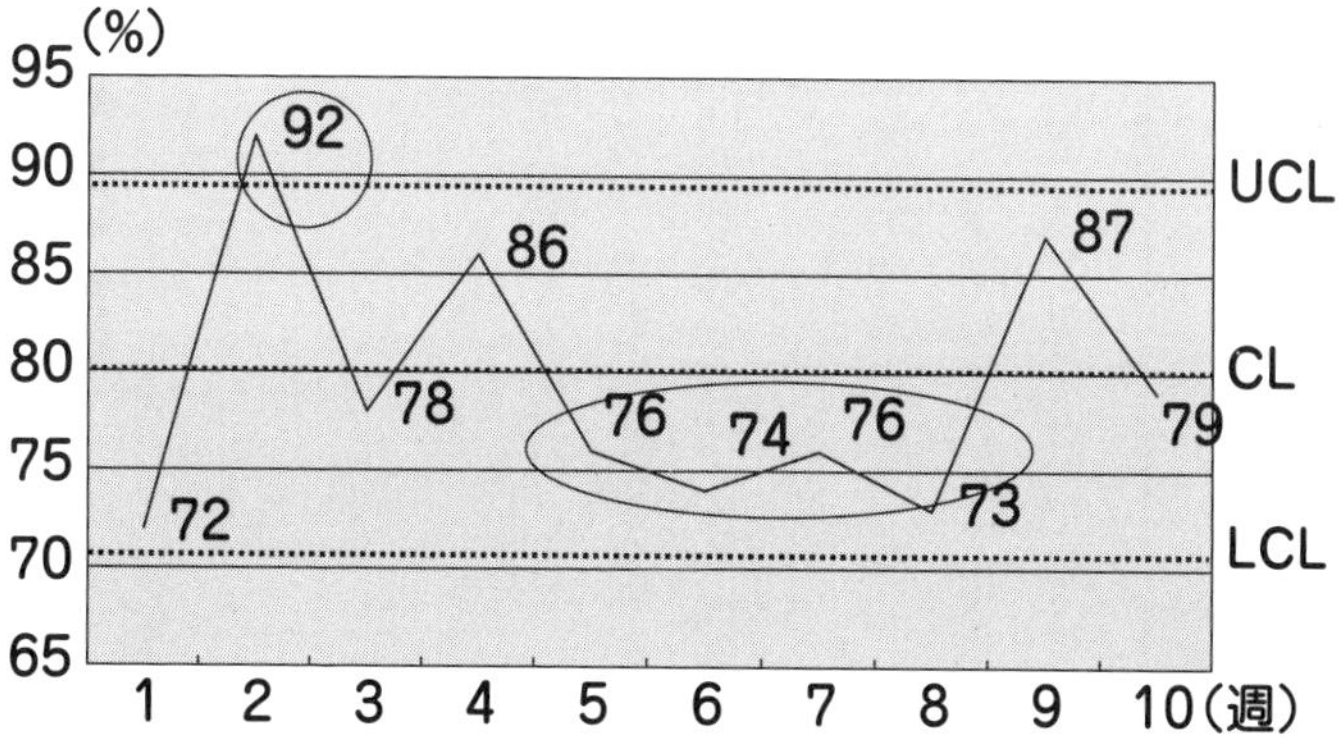

3 ワンランク上の状況分析のために

1 将来を予測する

ここまで、広く世の中から始まって自分自身や問題そのものへと至る状況分析について、実例も交えて考えてきました。紹介した内容について毎日少し意識するだけでも、視野の広がりが違ってくると思います。ただ、ビジネスにおいてワンランク上の問題解決を目指すには、さらにいくつか検討すべきポイントがあります。

その1点目は、**単なる状況分析にとどまらず、将来予測をする**ことです。

2ページで、問題とは現状とあるべき姿（理想・目標・標準）の乖離だと説明しました。現状とは「現在の状況」のことですが、それにとどまらず「将来の状況」も現状に含めるとよいでしょう。

谷本さんは、現在、仕入担当として活躍しています。勉強熱心な谷本さんは、若手としては業界知識・商品知識が豊富です。仕入先への対応も丁寧かつ迅速で、社内からも取引先からも厚く信頼されています。

ただ、将来については少し不安があります。最近は、ITの高度化にともない、自動発注やITを使った商品履歴管理が求められるようになっています。同社でも情報システム部を中心にIT化を進めていますが、谷本さんも仕入担当として商品知識や取引先との関係を高めるだけでなく、経営に生かせるIT知識が求められるようになっています。

また、谷本さんは、1~2年先にチームのリーダーを任されると予想されます。そのときには、自分が頑張るだけでなく、メンバーを率いてチームとして成果を実現することが求められます。現在の業務をこなすだけなら商品に関する専門知識があれば十分ですが、マネジメント能力も身に付ける必要がありそうです。


谷本さんの場合、現時点ではこれといった大きな問題はありません。ただし、将来起こりうる「ITを使った高度な物流管理」「メンバーを率いて、チームとして成果を実現する」という状況を予測すると、今のままでよいのか、という疑問が出てきます。

谷本さんの例は自分自身の職場での状況でしたが、当然、マクロ環境、所属組織、職場、問題そのものとすべてにおいて、過去・現状にとどまらず、将来を分析するとよいでしょう。

② ファクトベース

2点目は、**ファクトベース、つまり事実に基づいて状況分析する**ことです。あやふやな情報や憶測でなく、客観的事実に基づいて状況分析することが大切です。事実に基づいて考察したり主張したりすることを「ファクトベース（fact-based）」と言います。あやふやな情報や憶測で問題を認識しても、本当に問題なのか、何が問題になっているのかはっきりしません。

谷本さんは、食品スーパー、スマイルで仕入担当をしています。スマイルが店舗展開しているS市地区に、近い将来大手GMSのJ社が進出すると噂されています。

J社はいろいろな業態の店舗を全国展開していますが、もしも郊外型大型店舗ならばスマイルにとって大きな脅威になりそうです。他地域のJ社の戦略を見ると、郊外型大型店舗では、規模を生かした豊富な品揃えと低価格を武器に仕掛けています。やや高級層を狙っているスマイルと低価格のJ社では、かなりターゲット層が異なりますが、それでもスマイルの売上高が大きく減少すると懸念されます。

こうした事態に備えて谷本さんは、J社対策を考えています。現在考えているのは、J社に対抗できる仕入価格の低減とJ社にはない特徴ある商品の開拓です。

この議論は説得力があるでしょうか。「J社が進出する」と「低価格の店舗を出店する」という2つの情報は、あくまで谷本さんの予測で、客観的な事実かどうかわかりません。したがって、「売上高が減少する」という問題、あるいは「仕入価格の低減」「特徴ある商品の開拓」という解決策は、本当に問題なのか、本当に解決策として妥当なのか、不確かです。

不確かな情報に基づいて問題解決を進め、後になって「やっぱり違ったぞ」ということではいけません。問題解決の効率を高めるには、回り道のように見えても、じっくり正しい情報をつかむことを心がける方が、かえってよいのです。

また、ビジネスにおける問題の多くは、自分一人で解決するわけでなく、たくさんの関係者の協力を得ながら解決していきます。根拠があいまいな憶測レベルの情報では説得力がなく、第三者に納得してもらえません。第三者の協力を得るためにも、常にファクトベースを心がけ、第三者に対し客観的に状況を説明できることが大切なのです。

3 フェルミ推定

3点目は、2点目とやや矛盾しますが、**適切な憶測をする**ことです。ファクトベースは重要ですし、インターネットによっていろいろな情報が即座に収集できるようになりましたが、ただ、いつの場合も必要十分な情報を集めることができるとは限りません。情報が限られる中でも、ともかく仕事を前に進めるために、「だいたいこれくらいだろう」と推測をしなければならないことがよくあります。

憶測といっても、単なる「あてずっぽう」では自分自身も第三者も納得できず、意味がありません。確からしい憶測であることが重要です。

仮定や推測をいくつも組み合わせて「概ねどのくらいになるか」と見積もることを**フェルミ*推定**と言います。(*エンリコ・フェルミは、イタリアの物理学者。原子爆弾を開発したマンハッタン計画の中心人物として有名。ノーベル物理学賞受賞)。

たとえば、日本におけるシャンプーの市場規模を推計する場合、

日本の人口1億2700万人×1人年間4本使用×単価400円＝年約2000億円

というフェルミ推定ができます(実際にそれくらいの規模のようです)。

スマイルでは、オンラインで仕入先に発注するのが基本です。しかし、谷本さんが担当する生鮮食品ではIT化が進んでいない零細な仕入先が多く、250社の仕入先のうち100社はオンライン化されていません。谷本さんは今後、オンライン化・自動化を進め、仕入業務を合理化したいと考えています。そこでまず、発注業務で処理コストがどの程度かかっているか推計することにしました。

谷本さんは、仕入計画や販売状況にしたがって、毎日、パソコンで発注書を作成し、オンライン化されていない相手先については、発注書をプリントアウトし、ファックスで注文を出します。発注書のプリントアウトと連絡で毎日約1時間かかっています。電話・ファックスの料金は定額制で無視できるので、人件費だけについて1時間当たり約2000円で考えると、

2000円×1時間×月20営業日＝4万円／月

つまり、毎月4万円、年間50万円近い事務コストがかかっているとわかりました。

谷本さんの他の仕入担当者についても、加工食品はほぼオンライン化されていますが、精肉や日配の仕入れではあまりオンライン化が進んでいません。仕入担当者6名全体で、毎日平均45分間を費やしていると想定すると、

2000円×0・75時間×6名×月20営業日＝18万円／月
つまり、グループとしては、毎月18万円、年間200万円以上のコスト負担になっていることがわかりました。

もちろん、正確な数字は業務実態調査をしてみないとわかりません。ただ、具体的な検討を始めるとっかかりとしてこのように概数を推計しておくと、どれくらいのスケールの話なのかを理解でき、まったく見当違いのことをしてしまうリスクは小さくなるでしょう。

④ SWOT分析による体系化

最後に、以上の状況分析の結果を整理しておくとよいでしょう。優れた着眼点で綿密に状況分析をしても、その結果を整理しないで放っておいては、せっかくの分析を問題解決に生かせません。分析しっぱなしにせず、ＳＷＯＴで体系的に整理します。

◎S（Strength）：強み

組織・個人の発展・成長にプラスに働く内部要因

■図表2-5　SWOT分析の例

強み（Strength）	弱み（Weakness）
・業務知識の高い担当者 ・仕入先との信頼関係 ・標準化・合理化された業務プロセス ・闊達・チャレンジングな風土	・業務のオンライン化・自動化の遅れ ・過剰な業務品質、高コスト体質 ・部内のコミュニケーション不足
機会（Opportunity）	**脅威（Threat）**
・高級品へのニーズの高まり ・安全・安心へのニーズの高まり ・海外など新しいチャネル	・一部仕入先の信用不安 ・品質要求の高まり ・低価格競争 ・トレーサビリティなどIT化

◎W（Weakness）：弱み
組織・個人の発展・成長にマイナスに働く内部要因

◎O（Opportunity）：機会
組織の発展や個人の成長を促進する、好ましい外部要因

◎T（Threat）：脅威
組織の発展や個人の成長を阻害する、好ましくない外部要因

ＳＷＯＴ分析は、自分自身あるいは所属組織・職場の内外など、いろいろなレベルで作成することができます。職場・個人の年度目標を作るときなどは、職場や個人単位で実施します。私もコンサルティングにおいて、クライアントを会社全体、あるいは事業単位でＳＷＯＴ分析を必ず実施

しています。

スマイルの谷本さんは、職場の状況を図表2−5のようにSWOTで整理しました。

SWOT分析を行うには、ここまでの状況分析から得られた情報から主だったものを列挙すれば結構です。ただ、SWOT分析をより効果的なものにするには、以下のような点に留意するとよいでしょう。

① 網羅的に分析する

まず、できるだけ多角的な視点から網羅的に分析することです。幅広く分析することを意識していても、自社の業界や自分の担当業務に捉われて、偏った視点の分析に終始してしまいがちです。顧客・社会・株主など、立場を変えて分析するとよいでしょう。また、現状だけでなく、未来志向で将来の状況を分析することを心がけます。

② 複眼的に見る

強みと弱み、機会と脅威は、表裏一体のことがよくありますから、できるだけ複眼的に見るよう心がけます。たとえば、組織をグイグイと引っ張る経営者について、「強力なリーダーシップ」という強みと考えることも、「ワンマン経営」という弱みと見ることもできます。物事には両面があることを常に意識するとよいでしょう。

③　強みと機会に注目する

ＳＷＯＴの中でも、意識的に強み（Ｓ）と機会（Ｏ）に注目するようにします。こういう分析では、どうしても組織や自分自身の悪いところ、好ましくない状況に目が行き、弱み（Ｗ）と脅威（Ｔ）ばかりが出てきて、強みと機会を見逃しがちです。

しかし、組織や個人が発展・成長するには、「強みを生かす」ことと「機会を捉える」ことが重要です。強みと機会の分析が足りないようでしたら、あらためてやり直すことでもよいでしょう。

④　手の打ちどころまで考える

さらに発展的なレベルとしては、ＳＷＯＴの項目を羅列するだけでなく、そこから「何をすべきか？」を考えるとよいでしょう。

クロス分析によって、ＳＷＯＴに基づく手の打ちどころは、次の４つに分類できます。

○強みを生かして機会を捉える（Ｓ×Ｏ）
○強みを生かして脅威に対処する（Ｓ×Ｔ）
○弱みを克服して機会を捉える（Ｗ×Ｏ）
○弱みを克服して脅威に対処する（Ｗ×Ｔ）

谷本さんは、SWOTをさらにクロス分析しました。

厳密には、続く第3章の「〝良い問題〟の捉え方」や第4章の「問題を整理し、計画的に解決する」の分析を経ないと、本当の打ち手はわかりません。

しかし、状況分析の段階でどのような打ち手があるのかという見通しを立てておくと、その後の検討でまったく的のはずれた方向に進んでしまう危険性は低くなることでしょう。

■図表2-6　SWOT分析＋クロス分析

	強み（Strength） ・業務知識の高い担当者 ・仕入先との信頼関係 ・標準化・合理化された業務プロセス ・闊達・チャレンジングな風土	弱み（Weakness） ・業務のオンライン化・自動化の遅れ ・過剰な業務品質、高コスト体質 ・部内のコミュニケーション不足
機会（Opportunity） ・高級品へのニーズの高まり ・安全・安心へのニーズの高まり ・海外など新しいチャネル	強みを生かして機会を捉える 海外の高級品のルート開拓 仕入先との協働による安全対応強化	弱みを克服して機会を捉える 他部門の商材との組み合わせ提案 シンプルな安全ブランドの確立
脅威（Threat） ・一部仕入先の信用不安 ・品質要求の高まり ・低価格競争 ・トレーサビリティなどIT化	強みを生かして脅威に対処する トレーサビリティ対応の標準化 仕入先との与信取引の見直し	弱みを克服して脅威に対処する オンライン化による低コスト運営 中国など低コスト品の導入

〈第2章〉試してみよう

■読者の皆さんについて、状況分析をしてみましょう。

●発生している問題については、「問題解決ワークシート②《状況分析》」（64ページ）に記入してください。

●職場の状況については、「問題解決ワークシート③《SWOT分析》」（65ページ）に記入してください。

問題解決ワークシート②《状況分析》(問題について)

① 問題内容	何が問題になっているのか。
② 背　景	問題の背景となっている組織、事業、職場、自分自身の状況。
③ 経緯・展開	どのような状況で、どのような経過で問題が形成され、発生したか。 今までどう対応しているのか。
④ 原　因	原因は何か。たくさん原因がある場合、真因は。
⑤ 関 係 者	問題によって誰が影響を受けているか。 問題の原因に関係している人は。解決に関係しそうな人は。
⑥ 被害・影響の広がり	どのような被害・影響が出ているのか。また、今後どのように変化するのか。

問題解決ワークシート③《SWOT分析》

	強み（Strength） ・＿＿＿＿ ・＿＿＿＿ ・＿＿＿＿ ・	弱み（Weakness） ・＿＿＿＿ ・＿＿＿＿ ・＿＿＿＿ ・
機会（Opportunity） ・＿＿＿＿ ・＿＿＿＿ ・＿＿＿＿ ・	強みを生かして 機会を捉える	弱みを克服して 機会を捉える
脅威（Threat） ・＿＿＿＿ ・＿＿＿＿ ・＿＿＿＿ ・	強みを生かして 脅威に対処する	弱みを克服して 脅威に対処する

第2章のまとめ

❶ 状況分析は、大きく、広いところから、小さく、狭いところへと進めていきます。

❷ マクロ環境、組織・職場、タスク、自分自身、問題となっている状況を分析します。重要事項を中心に実施すれば結構ですが、当たり前と思っていることを含めて体系的に分析します。

❸ 〝良い問題〟を捉えるには、単なる現状分析にとどまらず、将来予測を含めます。

❹ あやふやな情報や憶測でなく、客観的事実に基づいて状況分析します（ファクトベース）。一方、情報が限られる中でも、ともかく仕事を前に進めるために、大まかな推計を行います（フェルミ推定）。

❺ 情報を収集しっぱなしにせず、ＳＷＯＴ分析で体系的に整理します。

第3章

“良い問題”の捉え方

状況分析とあるべき姿から問題を認識し、
そこから課題を形成します。
組織や個人を発展・成長させる
“良い問題”を捉える必要があります。
良い問題を捉えるためには、
問題と課題の違いを意識すること、
課題を再定義することなどがポイントです。

1 〝良い問題〟とは?

1 〝良い問題〟を捉える

本章では、第2章の状況分析を踏まえて、〝良い問題〟を発見するための考え方・技法について検討します。ビジネスパーソンは、〝良い問題〟を捉えて課題を形成し、集中的に解決に取り組むことが大切です。

ここでいう〝良い問題〟とは、それを解決することによって自分自身や所属組織を成長・発展させるような、重要度の高い問題のことです。

いきなり、良い問題と言われても、ちょっと納得しにくいかもしれません。「問題なんて悪いことに決まっているじゃないか」「問題がないことが一番良い状態だろ」と、普通は考えます。何ごとも起こらない平穏無事な状態を望みます。

しかし、本当に問題は悪いことなのでしょうか。問題が存在しないことが好ましい状態なのでしょうか。

本章では、専門商社のエース物産で営業担当をしている野々村さんを例にとって、〝良い問題〟の捉え方について考えてみましょう。

野々村さんが鋼材の営業担当をしている取引先の等々力製作所は、30年以上にわたって取引がある優良得意先でした。ところが、昨今の不況のあおりで業績・資金繰りが急速に悪化し、不渡手形を出し、倒産してしまいました。

野々村さんは、不渡りの一報を聞くと同時に、迅速に債権回収に手を尽くしました。しかし、担保を十分に取得していなかったため、最終的に300万円の貸倒れ損失が発生してしまいました。

さすがに野々村さんは、大いに気落ちしました。しかし、すぐに気を取り直して、今回の問題の原因究明と再発防止に向けた対策に取り組みました。今回の与信トラブルについて1カ月にわたって社内外の状況を調査したところ、以下のような3つの問題がわかりました。

● 等々力製作所は長年の優良得意先ということで、与信ルールに定められた担保の取得を怠っていた。その状態がマネジメント層でもまったく問題にされていなかった。

●野々村さんから、等々力製作所の月次決算書を社内の信用取引委員会に報告していたのに、誰も同社の異変に気づかなかった。
●与信トラブルに陥った場合の社内報告や対応が十分にルール化されていなかった。また、信用トラブルが即座に入手できる体制になっていなかった。

野々村さんは、他社事例なども参考にしながら、さらに1カ月かけてこれらの問題の解決に取り組んで、与信ルールや信用取引委員会の運営の具体的な見直し案を策定しました。取引先を取引実績や財務体質など11項目でスコアリングして格付けし、格付けのスコアに応じて債権保全手段を講じるというものです。

この見直し案を上長に上げて、経営陣の決裁を仰ぎ、承認を得て、ただちに全社に展開しました。

エース物産では、野々村さんの所属部署以外でも大小の与信トラブルが発生するようになっており、野々村さんが作った新ルールによって、その後より大きな貸倒れ損失を防ぐことができました。会社は野々村さんについて、貸倒れ損失を発生させたことよりも、会社の与信管理のレベルを引き上げたことを高く評価しています。

取引先が倒産し、貸倒れになったことは、営業担当者として大問題です。「ついてないな！こんな得意先の担当になるなんて、俺はなんて不運なんだ……」と思うのは当然です。しかし、それで終わってしまうと、野々村さんにとっても会社にとっても今回のトラブルはただの〝悪い問題〟です。

野々村さんは、貸倒れの発生をきっかけに、直接問題となった事柄だけでなく、深く幅広く原因を調べ、抜本的に対応しました。この対応によって、問題の発生前と発生後を比べると、エース物産のビジネスは改善し、野々村さんも大きく成長しました。問題発生を契機にエース物産も野村さんもより良い状態になりましたから、今回のトラブルは〝良い問題〟だったと言えるのです。

ビジネスでは、平穏無事というのは、長い目で見て決して好ましい状態ではありません。組織や個人を取り巻く環境はどんどん変化し、ビジネスはどんどん高度化していますから、「昔のまま」というのは、相対的にどんどん悪くなっていくことを意味します。野々村さんのように、一時的には大混乱に陥っても、組織や個人が混乱を乗り越えてダイナミックに発展・成長するのが、良い状態なのです。

2 〝良い問題〟を選ぶ

私たちは日常的に問題解決に取り組んでいますが、〝良い問題〟とそうでない問題がありま す。たくさんの問題の中からビジネスパーソンにとって〝良い問題〟を的確に捉えることが重要です。

〝良い問題〟を捉えるには、まず**問題と課題を区別し**、**問題を選別する**という発想が必要です。

たいていの職場、たいていのビジネスパーソンにとって問題は山ほどある一方、問題解決に必要なリソース（ヒト・モノ・カネ・情報・技術・時間など）は限られています。あれもこれもと手当たり次第に問題解決に取り組んでいたのでは、結果としてどれも中途半端に終わり、大きな成果を実現できません。「これだ！」という問題に焦点を絞って、リソースを重点投入し、徹底して解決しなければなりません。

本当に取り組むべき問題は、誰にも自明なものとして存在するわけではありません。たくさんの問題の中から本当に重要な少数の問題を主体的に選んで、課題を形成していく必要があります。**課題とは、「解決すべき問題、解決の方向性」であり、すべての問題が課題になるとは**

限りません。

〝良い問題〟を捉えたり、たくさんの問題の中から少数の課題を選ぶことは容易なことではありません。〝良い問題〟を捉えるには、組織や自分にとって何が〝良い問題〟なのかを洞察する高い問題意識が要求されます。また、少数の課題を選ぶというのは、他のたくさんの問題に対処しないことを意味しますから、考え方を明確にして、これだと決める冷静な判断力が必要になります。

2 問題を抽出する

1 あるべき姿を描く

問題を発見し、その中から〝良い問題〟を捉えて課題形成する、という2段階で考えていくことにしましょう。問題とは現状とあるべき姿が乖離している状態ですから、問題を捉えるには、第2章で現状を分析したのに続いて、あるべき姿を描く必要があります。

ここで、あるべき姿とは、所属組織・ビジネスあるいは自分自身などにとって、考えうる理想の状態や標準的な状態のことを意味します。

商社マンの野々村さんは、最近ずっと仕事が立て込んでいて、深夜残業でなんとか締め切りに間に合わすような状態が続いており、「これは問題だなあ」と思いました。この場合、野々村さんは、たとえば「勤務時間内に終えることができる適度な業務量で、余裕を持ってよい仕事ができる」ということを理想に描いているため、問題だと思うわけです。

個人だけでなく、組織でも同様です。

野々村さんが勤務するエース物産では、昨年から売上高の減少が問題になっています。売上高が減れば問題になるのは当たり前と思うかもしれませんが、企業は売上高を増やすために日夜努力し、「売上高が順調に増えている」というのが理想の状態と想定されているので、売上高が減少することは問題になるわけです。

2 問題意識とは何か

私たちは上司から「君は問題意識が低いね」とか「仕事を進めるには高い問題意識を持つことが大切だ」と言われることがあります。そう言われても、いったいどうしてよいか困ってしまいます。問題意識とは何なのか、(当の上司も)いまひとつ明確になっていないからです。

問題意識とは、的確な状況分析と理想の認識によって問題を把握する意識です。「問題意識が低い」というのは、状況の把握あるいはあるべき姿の認識がうまくいかず、問題を的確に把握できない状態のことです。

状況の把握については、第2章で解説した考え方・技法を使って分析すれば、比較的よく似た結果に到達することができます。ところが、何をあるべき姿とするかは、組織・個人の価値観にも左右されますから、組織・個人によって大きく異なります。したがって、あるべき姿の認識次第で問題の把握が大きく違ってきます。

よくある「問題意識の低い」状態は、現状を将来もずっと続く正常な状態だと思ってしまい、「なんか問題あるの？」とスルーしてしまうことです。

たとえば、野々村さんの場合、「周りの同僚も皆深夜残業しているし、残業手当が増えるから、まあいいんじゃないの……」と考えてしまったら、何も問題は見えてきません。「問題意識が低い」状態だと言えます。エース物産でも、経営幹部が「世の中は不況だし、苦しいのはうちだけじゃないから、売上高が減っても致し方ない」と思うようでは、ちょっと困ります。

3 ミッションとビジョンを明らかにする

では、あるべき姿を描いて、〝良い問題〟を把握するには、どうすればよいでしょうか。

組織や個人にとってどのような状態をあるべき姿とするかは、客観的に定義できるわけではありません。組織・個人によって大きく違います。同じ、組織・個人でも、時と場合、置かれた状況などによってまったく同じではありません。

先ほどの野々村さんの場合、深夜残業が当たり前だと思えば、何も問題はないかもしれません。残業がない状態をあるべき姿とするなら、「残業が多い」という問題が発見できます。さらにそれを超えて、「効率的な仕事の進め方で生産性が高い」状態や「他の担当者では実現できない創造的な成果を実現できる」状態をあるべき姿とするならば、「仕事の進め方が非効率」とか「創造的な成果が実現できてない」といった発展的な問題が形成されます。

一般には、深夜残業という表面的な問題点を超えて、仕事の進め方や創造的な成果について問題を発見できれば、問題意識が高い状態と言えます。

ただ厳密には、どのレベルの問題を捉えるべきなのかは、組織・個人のミッションやビジョンによって異なります。ミッションとビジョンの違いは、以下の通りです。

◎ミッション

組織・個人が本来的に果たすべき使命・役割

◎ビジョン

組織・個人が将来どのような状態になりたいという到達点・目標

野々村さんの場合、得意先からの注文や依頼を正確かつ効率的に処理するのがミッションで、部内で最も効率的な営業担当者になることがビジョンでしたら、「深夜残業が多いこと」や「締め切りがギリギリになっていること」が問題になります。

一方、事務所全体の業務を改善しながら、職場のリーダーとしてメンバーをまとめることがミッションで、職場として創造的な提案営業を実現することがビジョンでしたら、「仕事の進め方が非効率なこと」や「創造的な提案営業ができていないこと」が問題になります。

このように、ミッション・ビジョンのあり方で、問題のあり方は大きく異なってきます。

したがって、〝良い問題〟を捉えるためには、そもそものミッションやビジョンを問い直すとよいでしょう。私たちは、どうしても現象的に直面している問題だけに集中しがちですが、ときおり、〝そもそも〟を問い直すとよいでしょう。個人の場合、次のような問いについて考えてみます。

「自分は何のために生きているのか？　何のために仕事をしているのか？」

「自分の仕事を組織・顧客・社会がどう受け止めてほしいか？」

「組織の中で、自分はどのような役割を果たすべきなのか？　この組織で働く意味とは何なのだろうか？」

「自分は仕事を通して何を実現したいのか？」

4 優れたビジョンの条件

〝良い問題〟を捉えるには、上司から「君は志が低いね」と言われるような、陳腐なビジョンではいけません。「よし何としても実現するぞ！」と駆り立てられるような、魅力的なビジョンを立てる必要があります。

何が魅力的であるかも、もちろん組織や個人によって異なりますが、一般に次の4つの条件があります。個人の場合を念頭に考えると、以下の通りとなります。

①　存在の明示

ビジョンは、自分が、社会・顧客・所属組織にとってどのような存在になりたいのかを明示するとよいでしょう。現在の自分とどう違って、どのような方向に進んでいくかを示します。「年収××万円」といった定量的な目標も大切ですが、それよりも、どのように社会・顧客・所属組織に貢献するのか、どのように支持された結果としてそうなるのかを明示するとよいでしょう。

②　夢、広がり、未来志向

ビジョンは、自分自身を長期的な成長へと導く、夢と広がりがなければなりません。現状と大差ない陳腐な内容でなく、未来志向で、現状を突破する大きな広がりを持つことが重要です。

③　現実性

2つ目の夢、広がり、未来志向という条件とは相矛盾しますが、ビジョンは、自分自身の強み（Strength）・弱み（Weakness）、自分を取り巻く外部環境の機会（Opportunity）・脅威（Threat）を十分に踏まえたものであることが重要です。いくら夢や広がりが大切だといっても、あまりに壮大すぎて、「どうせできっこないよな」と思うようでは、動機付けにはなりません。

図表3-1のように、人は達成可能性がゼロ%でも（絶対にできない）、100%でも（誰でもできる）、「なんとしても達成してやろう」という強い達成意欲を引き出すことができません。ビジョンは、適度に挑戦的で、自分の潜在能力を十分に発揮したときに達成できる程度が理想なのです。

④ 社会性

ビジョンは、高度な社会性を備えているのが理想です。人間は、自分が社会にとって意味のある存在でありたいという欲求を持っています。ビジョンによって、社会にとって価値ある存在に近づいていることがわかると、強力に動機付けられます。

■図表3-1　達成意欲と達成可能性の関係

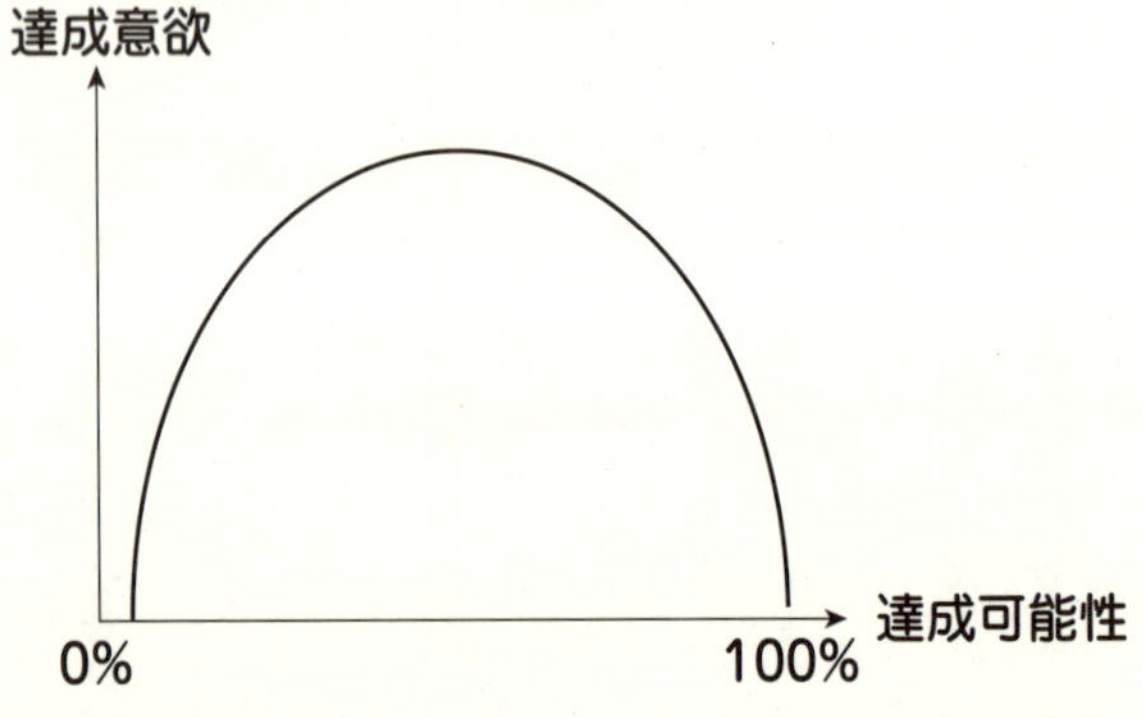

3 課題を形成する

① 問題と課題は違う

状況分析とミッション・ビジョンのギャップを分析すると、さまざまな問題が出てきます。続いて、たくさんの問題の中から〝良い問題〟を捉える作業に進みます。

ここでまず大切なのは、**問題と課題を明確に区別する**ことです。

私たちは、「問題」「課題」という言葉をあまり意識せず日常的に用いますが、この2つには大きな違いがあります。問題とはあるべき姿と現状の乖離で、課題とは解決するべき問題、解決の方向性です。

したがって、すべての問題が課題になるとは限りません。第2章の状況分析と第3章でここまで述べたあるべき姿の検討をしっかり行えば、無数の問題が出てくるはずです。現代のビジネスは環境変化が複雑で激しいですから、いろいろな問題がリストアップされることでしょう。しかし、組織・個人が利用できるリソースは限られますから、そのすべてに対処するわけにはいきません。たくさんの問題の中からごく少数の課題を形成して、重点化して解決に向けて取り組むのが普通です。

問題の数 ＞ 課題の数

つまり、ほとんどの問題は、問題であるには違いなくても、問題の状態のまま放置され、課題にはなりません。たくさんの問題からスクリーニングされ、再定義され、少数の課題が形成されます。

たとえば、次の状況は野々村さんにとって問題ですが、解決すべきだと考えないので課題ではありません。

■図表3-2　問題から課題へのプロセス

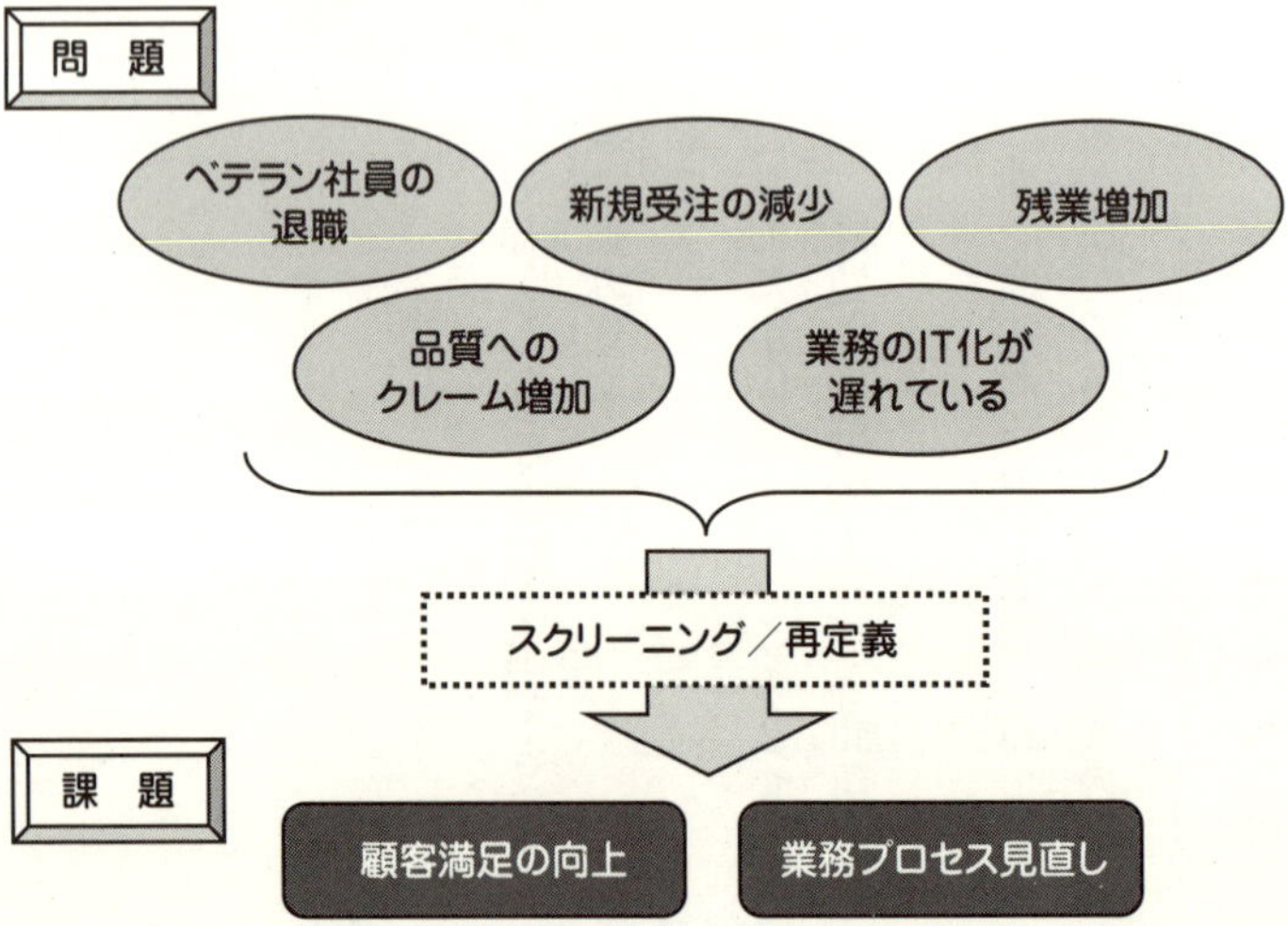

野々村さんは、このところ仕事が忙しく、深夜残業をした後に同僚と飲みに行く日が続きました。そういう生活を続けていたら、1カ月前に比べて5キロ太ってしまいました。ただ、太ったといっても、野々村さんは身長175センチに対して体重70キロで標準的な体型です。スポーツジムに行く時間的な余裕もありません。そのため、問題だとは思いつつ、とくに何も手を打っていません。

また、問題は誰にも客観的に存在するわけではありません。その状況を見る人の立場や考え方などによって、問題であったり、問題でなかったりします。

野々村さんが勤務するエース物産では、このところ30代後半の有望な従業員が次々と自発的に退職しています。この状況について、ある経営幹部は「わが社の魅力が低下しており、由々しき事態だ。早急に抜本的な対策を打つべきだ」と主張しました。
しかし、彼以外の幹部の多くは、「この時代、転職など当たり前」「30代後半の年代は、ちょっと採用が多すぎて人が余っているから、多少辞めてくれてちょうどよいのでは」「景気も後退して、現状は人手が足りなくて仕事が回っていないというわけでもないから、少し様子を見よう」などと語りました。
結局エース物産では、この件が問題であるともないとも不明確なままで、何も取り組んでいません。

日本人はまじめなので、問題を発見したら片っ端から対処してしまいがちです。何かに取り組んでいると、「ああたいへんだ！」と口では言っていても、懸命に取り組んでいるという何かしらの安心感が得られます。逆に、問題を発見しているのに、そのほとんどに対処しないというのは、かなり居心地が悪いことでしょう。

しかし、実は意識的に問題に対処しないようにするべきなのです。問題解決に投入できる時間もエネルギーも限られますから、問題と課題を区別せず手当たり次第に問題解決に取り組むと、どれも中途半端な対応になってしまいます。あれこれと手をつけて、結果的にどれも解決できていないのが、問題解決で最も好ましくない状態です。

② 問題をスクリーニングする

たくさんの問題の中から少数の課題を形成するとき、「何となく、これを選びました」というわけにはいきません。何らかの合理的な基準を設定して、明確にスクリーニング（screening）をする必要があります。

スクリーニングの基準は、大きくは以下の3つがあります。

① 重要性
組織・個人にとって、解決することが長期的な発展・成長のために重要な問題か。

② 緊急性
問題の影響が広がっており、迅速な対処が必要な問題か。

③ 現実性（リソースの制約、リスクなど）
利用できるリソースによって解決できるか。解決にはどのようなリスクがあるか。


このうちどの基準を優先するかは、問題の内容や問題に直面した組織・個人の状況や目標などによって、大きく異なってきます。

たとえば、野々村さんの69ページの状況では、貸倒れの被害が出るかどうかは一刻を争う問題ですから、緊急性を重視して問題を選びます。一方、少し長い目で見ると、重要性を重視して、エース物産全体の与信管理をレベルアップさせるために何をするべきかを考えていくべきでしょう。

また、83ページの5キロ太ってしまったというのは、たしかに問題には違いありませんが、それほど深刻ではありませんし、対処する時間の物理的な制約もありますから、野々村さんは課題として取り上げませんでした。

私たちは中学生、高校生の頃、先生から「テストでは、できる問題から順番に取り組め」と教えられました。その習性からというわけではありませんが、どうしても「明日までにクレームを処理しなければならない」などと、②緊急性を重視しがちです。あるいは「そんなのできっこないよ」と、③に目がいきがちです。

しかし、そうしているうちに、緊急ではないが長期的に見て重要な問題に、いつまでたっても取り組まず、先送りにしてしまいます。簡単に対処できる問題に手を付けてお茶を濁すだけで、いつまでも難問は難問のまま存在します。

それでは、目前に迫ってくる問題にバタバタと対処しているだけで、組織や自分自身は発展・成長していない、ということになります。〝良い問題〟を捉えるには、意識的に①重要性を優先するべきでしょう。

S：Specific	――――	テーマは具体的か？
M：Measurable	――――	定量的に測定できるか？
A：Achievable	――――	達成可能なものか？
R：Result-based	――――	「成果」に基づいているか？
T：Time-oriented	――――	時間軸は意識されているか？

３ 解決目標を定める

課題を決めたら、解決目標を定めるようにします。たとえば、保険の営業担当者が「新規の取引先を増やす」という課題を形成するとしたら、「1年以内にA地区を中心に保険金額２０００万円以上の取引先を15件獲得する」という具合に、具体的な解決目標を定めるようにします。

課題に対して絶対に解決目標が必要だというわけではありません。ただ、解決目標があるとないとでは、後の実行段階がまったく違ってきます。具体的な解決目標があると、それに向けて集中的に解決に取り組むことができるのです。

問題解決に向けて「やるぞ！」という気になり、解決に向けて具体的な行動がとりやすくなるのが、良い目標です。良い解決目標を立てるためには、上記の〝ＳＭＡＲＴ〟を確認するようにします。

④ 見える問題・探す問題・創る問題

たくさんの問題の中から〝良い問題〟を捉えるためには、「見える問題」「探す問題」「創る問題」という3つの視点を持つとよいでしょう。これは、すでに発生しているか、すでに認識しているか、という2つの視点から問題を分類するものです。

① 見える問題

すでに発生しており明確に認識している問題を**見える問題**と言います。

先ほどの野々村さんの場合、「深夜残業が続いていること」や「締め切り間際のやっつけ仕事になっていること」は、すでに発生しており、野々村さん自身が認識していますから、見える問題です。

■図表3-3 "良い問題"を捉えるための視点

	発　生	認　識
見える問題	○	○
探す問題	○	×
創る問題	×	×

② **探す問題**

すでに発生していますが、まだ明確に認識できていない問題を**探す問題**と呼びます。

野々村さんは、締め切りに追われて、余裕のない受注処理になっていることについて、原因を調べました。その結果、当社の顧客への価格方針が一貫しておらず、いったん顧客側に見積もり価格を提示した後に企画部門から修正依頼が入り、顧客との調整・見直しの作業に時間を取られていることがわかりました。
これは、すでに発生していますが、野々村さんはまだ明確に認識していなかったので、探す問題です。

③ **創る問題**

まだ発生していませんし、明確に認識できていませんが、高い理想を追求するためにあえて取り組んでいく問題を**創る問題**と言います。

野々村さんの所属するエース物産は、現在はなんとか受注を維持していますが、将来的には建築市場の縮小が進み、受注競争が激化すると予想されます。野々村さんは、こうした状況を分析し、将来的には、顧客とアライアンスを組んで、顧客と共同で鋼材の利用方法を進める新しい営業方法が必要ではないか、と考えるようになりました。

これは、まだ発生しておらず、野々村さんがまだ明確に認識していなかったので、創る問題です。

日常のビジネスでは、どうしても与えられた職務をこなすことが中心になりがちで、「上司から命じられた」「お客様からクレームがきた」など、他人からの命令や影響によって見える問題を認識し、受動的に対処することになりがちです。

しかし、よりよい仕事をするためには、「見える問題」だけでなく、「探す問題」や「創る問題」に対処することも考慮するべきです。優れた問題解決を実現し、成長している人は、意識的に「探す問題」や「創る問題」に取り組むようにしています。

4 発展的な課題形成

① 課題を再定義する

ビジネスにおいて〝良い問題〟を取り上げて仕事の成果をアップさせるには、いくつかの留意点があります。

その第1は、**課題を再定義する**ことです。

ビジネスでは、「これをやろう」と自分自身で決めて仕事に取り組むこともありますが、上司からの業務命令あるいは顧客からの依頼という形で課題に取り組むことが多いでしょう。そういった場合、ついつい受け身の対応になりがちですが、上司からの業務命令や顧客からの依頼をそのまま実行すればよいというものではありません。自分なりの問題意識によって課題を〝再定義〟することが大切です。

なぜならば、上司からの業務命令や顧客からの依頼は、〝良い問題〟を捉えているとは限らないからです。現実にはむしろ、かなり優秀な上司・顧客であっても、まったく的を射ていない問題認識であることが多いのではないでしょうか。

上司の場合、現場の細かい状況までしっかり把握しておらず、実態からかけ離れた問題を認識していることがよくあるでしょう。若かった頃の時代遅れになった成功体験をベースに問題を捉えているかもしれません。あるいは、現場感覚のある上司が〝良い問題〟を認識していたとしても、命令の内容や指示の仕方が下手で、現場にうまく伝わっていないこともあります。

顧客（あるいは提携先など）の場合、顧客の立場、ビジネスの状況の狭い範囲の中で経験的に問題を認識しているにとどまることが多々あります。また、こちらのことはお構いなしに、自分の都合だけを押し付けている可能性があります。

見込み顧客から引き合いを受けると、仕事ほしさに何でも言われるがままに受けてしまいがちです。しかし、他人から命令・依頼を受けたら、まず一旦立ち止まって「これは本当に取り組むべき問題なのか？」を自問するべきでしょう。

私が行っているコンサルティングでも同様です。コンサルティングは、通常クライアント（顧客企業）からの問題解決の依頼によって始まりますが、往々にして、最初の依頼とはかなり違ったところに経営の重要課題があります。

以前にある小売店の社長から「従業員のモチベーションが下がり、ミスや不祥事が多発しているので、従業員を管理・監視する仕組みを作ってほしい」というコンサルティングの依頼がありました。私はそれを受けて社内調査をしたところ、実際のところは社長のワンマン経営、モーレツ主義によって従業員が主体性を失っているのが問題だということがわかりました。社長の依頼事項よりも「従業員への権限委譲」がより重要課題であるということになり、社長と協議の上、コンサルティングのテーマを変更しました（当然、社長から猛反対を受けましたが）。クライアントからの依頼事項を鵜呑みにせず、クライアントの発展にとって真の課題として再定義できるかどうかが、コンサルティングでも成功の最重要ポイントなのです。

もちろん、上司からの業務命令あるいは顧客からの依頼をまったく無視してよいということではありません。バランスが難しいところですが、上司や顧客の意図を勘案しながら、新たな情報や自分なりの問題意識を踏まえて、課題を再定義した上で問題に取り組みます。結果的に命令・依頼の通りに問題解決に取り組むとしても、問題について自問し、再定義するかどうかが重要になります。

2 視点を変える

2つ目に、現状を当たり前のことと思わず、**ゼロベースで〝そもそも〟を問い直す**ことです。本当に取り組むべき課題は、私たちの常識的な考え方とは違ったところにあるかもしれません。あるべき姿をより幅広い視点から捉えるためには、主体・立場、時間、視座を変えるとよいでしょう。

① 主体・立場

現状は、ある特定の関係者、ある立場の者にとってはよいものであっても、別の立場の者、別の関係者から見ると好ましくないかもしれません。ビジネスでは、株主・顧客・仕入先・取引銀行・上司・部下など、さまざまな立場の人が関わっています。物事を見る主体や立場を変えて考察すると、いろいろと違った問題が見えてくることでしょう。

> エース物産では、昨年から不況に対応して全社的なコスト削減を進めています。その効果で利益水準は急速に回復し、株主・経営者は満足しています。
> 一方、残業規制や出張制限が行われた結果、従業員は仕事がしにくくなりました。不採算なサービスを打ち切られた一部の得意先からは、不満の声が上がっています。
> 株主・経営者にとって低収益という問題が解決されましたが、従業員や顧客にとって別の問題が生まれている状況です。

② 時間

現時点では問題がなくても、時間がたち、状況が変わると、問題になることがあります。この状態が長続きするものなのか、将来は違った展開が必要なのではないか、というように時間軸を変えて問題を見つめ直します。とくに、目先の問題だけでなく、少し先のことまで考えてみるとよいでしょう。

> 野々村さんの営業成績は順調で、現時点でとくに大きな業務上の問題はありません。しかし、数年後には、ただ売るだけでなく顧客が購入した鋼材についてリサイクルするまで支援すること、顧客の海外拠点へのシフトに対応することなど、今までと違った営業活動が求められそうです。
>
> 営業部では、こうした将来の動きを見据えて、新しい営業活動のあり方について検討を始めました。

③ 視座

物事を評価する視座・基軸が変わると、それまで問題のなかった状態が好ましくない状態へと評価が一変してしまうことがあります。「大きいことはよいことだ」と言っていたのが、あっという間に「エコロジー」「もったいない」という考え方によって否定される具合です。現在はどのような価値基準で物事が評価されているのかを明らかにし、評価の視座・基軸を変えてみます。

野々村さんが所属する営業部では、つい数年前まで、日中に得意先回りなどで外出したら、どんなに遠方でも必ず帰社して、深夜残業してでも報告業務を片付けるのが当然のこととされていました。また、それでも片付かない場合、自宅に仕事を持ち帰える〝風呂敷残業〟が習慣化されていました。

しかし、近年、会社の方針が変わって、そうしたやる気・頑張りよりも、実際の仕事の成果の大きさで人事評価をするようになりました。さらに、コンプライアンス（法令遵守）・情報保護が重視されるようになり、会社以外に仕事の資料を持ち出すことは禁じられるようになりました。

〝デキル営業担当者〟の条件は、猛烈に頑張ることから、効率的に成果を上げることに一変したのです。

以上のあるべき姿を考えるための3つの視点は、陽明学者の安岡正篤が唱えた「**思考の3原**

則」と通じるものがあります。

一　目先のことにとらわれずに、できるだけ長い目で観察する。
二　一面にとらわれないで、できるだけ多面的、できるならば全面的に考察する。
三　枝葉末節にとらわれないで、できるだけ根本的に観察する。

世の中には数多くの思考法が提唱されていますが、表現など微妙な違いはあるものの、概ねこの3原則に集約されます。あるべき姿を描き、〝良い問題〟を発見する上で重要な考え方ですから、物事を考えるとき、この3原則を自問するとよいでしょう。

5 発散技法

問題は、現状とあるべき姿の乖離ですから、現状を体系的に分析し、あるべき姿を描き、ギャップを把握する、ということまでの説明がオーソドックスな問題発見の進め方です。

ただ、いつもそれで大丈夫というわけではありません。重要な問題ほど、私たちの常識的な思考の外にあるので、常識的なプロセスではなかなか気づきません。システマチックに考えることも大切ですが、時には常識的なアプローチや既成概念に捉われずに、思考を解き放つことが有効です。

自由に発散して問題を発見するために、いろいろな発散技法（あるいは自由発想技法）が開発されています。ブレーン・ストーミング、ＫＪ法、チェックリスト法、属性列挙法、ＮＭ法などが有名です。この中で本書は、ビジネスパーソンにとって手軽で有用なブレーン・ストーミングを中心に、ＫＪ法とチェックリスト法を紹介します。

1 ブレーン・ストーミング

オズボーンが発案したブレーン・ストーミング（Brain-storming：以下、ブレストと略します）は、個々が持っている知識や情報を、共通の場で吐き出させる討論の方法です。あるテーマについて、思いつくままに自分の考えを出します。問題発見だけでなく、問題解決のための新しい発想、アイデアを導き出したりする場合に用いられます。

ブレストは、多くのアイデアが出されていく中で、それら出された異質な意見・アイデアを組み合わせ改善し、一種の化学反応を起こすことにより、一層洗練させたアイデアを生み出し、それを繰り返す過程で連鎖的にアイデアを生み出していくことを目的とした発想法です。

〔ブレーン・ストーミングの進め方〕

一般的なブレストの進め方は、以下の通りです。

① 数名のグループを編成します。

② あるテーマについて、メンバーが自由奔放に発言し、より多くのアイデアを出していきます（質より量）。

③　アイデアの組み合わせと改善を行います。

また、効果的にブレストを行うためには、「ブレーン・ストーミングの4原則」に従うことが重要です。

〔ブレーン・ストーミングの4原則〕

①　自由奔放

深く考えずに、アイデアや思いつきを発言します。「こんなことを言ったら笑われるのではないか」といった気持ちを持たず、思いついたことをどんどん言っていきます。

②　批判厳禁

他人の発言は批判してはなりません。人は批判されると、次からはアイデアを思いついても、批判を恐れて言わないで済ませてしまい、自由奔放の原則が崩れてしまいます。

③　便乗歓迎

他人の意見に便乗して、その意見から連想されたことを発言することもOKです。この原則によって他人の意見に触発され、自分の考えが発展していきます。

④　質より量

量が質を生み出しますから、良し悪しを判断せず、とにかくたくさん発言します。たくさん意見を出すことによって、問題を多角的に分析する視点が見出せます。

〔時間を区切って発散する〕

ブレストは、たいへん手軽かつ効果的な技法で、創造的な仕事をする職場ではよく利用されます。逆に、決まりきった作業の繰り返しで創造的な仕事をしていない職場では、あまり利用されないようです。

私もコンサルティングでは、ブレストをよく使います。複数のコンサルタントのチームで最初にクライアント先を訪問した後などは、たいていブレストによってクライアントの問題点を検討します。クライアントが認識し、依頼してきた問題とは違ったところに、往々にして真の重要課題があるからです。また、いよいよコンサルティングが始まり、コンサルタントとクライアント側のメンバーがプロジェクト・チームとして発足した最初のミーティングでも、メンバーの意識合わせのために、クライアント企業の経営全般についてブレストで話し合いをしています。

ブレストは、一見非常に単純な技法のように思われますが、必ずうまくいくというわけではありません。むしろ、調子よく始まっても、いつの間にか普段の雑談と変わらない状態になり、あまり成果がないまま、何となく尻切れで終わってしまうことが多いようです。よく「ブレスト＝雑談」と誤解されています。

ブレストがうまくいかない最大の理由は、4原則の中でも「批判厳禁」が守れないことです。人は他人の意見を聞いて一定の判断をするのが普通です。そして、判断について、黙っていられません。他人の良いアイデアを聞けば「グッド・アイデア！ よく考えているねえ」と褒め、つまらないアイデアを聞けば「それはダメでしょ。ちょっとは頭使っているの？」と言いたくもなります。「批判厳禁」、つまり「判断を停止せよ」というのは、人間の心理としてたいへん不自然な状態なのです。

不自然な状態を長時間にわたって続けるのは無理があります。したがって、ブレストを成功させるには、ファシリテーター（進行役）を決めて、ファシリテーターが開始前に4原則を徹底するとともに、20～30分など**短い時間を設定して集中して実施する**とよいでしょう。

よく「ブレストなんて効果がない」「研修でしか使ったことがない」という批判を聞きますが、たいていの場合、時間を決めずにダラダラと実施し、途中からいつもの四方山話になっているのです。

②KJ法

文化人類学者の川喜田二郎氏によって開発された技法で（KJは川喜田二郎氏の頭文字）、情報の組み合わせによる発想法です。雑多なデータをもとに仮説をまとめたり、さまざまな側面を検討しながら、全体像を組み立てたりするときに向いています。

〔KJ法の進め方〕

① データの抽出

テーマに関連した現象の観察、調査データをできるだけ具体的に挙げます。KJ法を始める前に、ブレーン・ストーミングによってテーマに関係のありそうな情報・アイデア・知識などをすべて抽出し、カードに書き込むようにします。

② アイデアのグループ化

カード化されたデータをバラバラにし、カードの中から共通項を見つけ、カードを小グループにグルーピングします。次に、相互の共通性・親近性で括ります。既存の意味や概念で分類してはいけません。むしろ常識に反しても構いません。

③　タイトル付け

各カード群に、共通分類基準を見つけタイトルをつけます。タイトルは名詞化せず、内容を具体的に説明できるものにします。

④　グループ化を繰り返す

次に「小グループ」→「中グループ」→「大グループ」というように、そのグループ同士を編成していきます。

⑤　図解化

グループ化されたカードを、グループ間の関係を明確にするために、模造紙などに貼り付け、図解していきます。さらに配置を整え、グループ間の共通点などを考え、図解化します。各グループの関係を図式化してみると、位置関係や相互の関係がはっきりし、それを要約できる別の「表現」が可能になることもあります。

⑥　文章化

最終的に図解を見ながら全体を構造化し、テーマとした事柄の内容・本質を文章化していきます。それらの関連（図解化）の配置の意味をよく考え、文章化、また、それらをじっと眺めながら新しいアイデアを出していきます。そして論理的な関係が成り立つようにカードを配置し、それを図解化します。この段階でアイデアの出発を促すような、複雑すぎず親近性はありますが、質的にはある程度異なる「基本的発想データ群」が現れてきます。これをもとに図を文章化します。

③ チェックリスト法

発散技法の最後に紹介するのは、チェックリスト法です。

チェックリストとは、あることを考えるときに抜け落ちがないように、1つずつチェックしていくための一覧表です。頻繁に出張するビジネスパーソンは、髭剃り、パソコン、筆記具など携行品をチェックリストにしていることでしょう。ただし、こうしたチェックリストは、ミスを防ぐための消極的な活用方法です。

それに対してオズボーン（ブレーン・ストーミングの考案者でもあります）が考案したチェックリスト法は、問題解決策立案のためのアイデア出しなど、積極的な目的のためによく活用されます。

チェックリスト法にはいろいろなやり方がありますが、オズボーンが開発したのは図表3−4のような9項目のチェックリストです。ある対象、たとえばマッチについて、9項目について検討していきます。

かなりアイデアが豊富だという人でも、自分の頭でゼロからアイデア出しをするのは難しいでしょう。チェックリストを活用することによって、効果的・効率的なアイデア出しをすることができます。

なお、オズボーンの他にもチェックリストにはいろいろな種類がありますが、自分の業務内容や関心に合ったリストを自分なりに作っておくのが理想です。

■図表3-4　オズボーンのチェックリスト：マッチの例

項目	どのように？	例：マッチ
① 転 用	そのままで新用途は、他への使い道は、他分野へ適用は	着火用→マッチ棒の家
② 応 用	似たものはないか、何かの真似は、他からヒントを	はし立て→円筒型マッチ
③ 変 更	意味、色、働き、音、匂い、様式、型を変える	四角→丸・三角型マッチ
④ 拡 大	追加、時間を、頻度、強度、高さ、長さ、価値、材料、誇張	大マッチ
⑤ 縮 小	減らす、小さく、濃縮、低く、短く、軽く、省略、分割	ミニマッチ
⑥ 代 用	人を、物を、材料を、素材を、製法を、動力を、場所を	木→紙マッチ
⑦ 再利用	要素を、型を、配置を、順序を、因果を、ペースを	軸入れの場所変え
⑧ 逆 転	反転、前後転、左右転、上下転、順番転、役割転換	超豪華マッチ
⑨ 結 合	ブレンド、合金、ユニットを、目的を、アイデアを	占いマッチ

（高橋誠編著『新編創造力事典』日科技連出版社）
（日本創造学会ホームページより）

〔第3章〕試してみよう

■職場での問題・課題を整理してみましょう。

●まず、ブレーン・ストーミングによって、制約を設けず自由に職場の問題点を検討します。
●さらに、職場のビジョンを確認・検討し、前章の現状分析と併せて問題点を抽出します。
●以上の問題点から、重要性や緊急性などを勘案して、少数の課題を形成します。
●形成した課題について、SMARTを意識して解決目標を設定します。
●以上の結果を、見える問題、探す問題、創る問題に分類し、次ページの「問題解決ワークシート④《問題発見》」に整理します。

問題解決ワークシート④《問題発見》

	問題の内容	解決目標
見える問題	・ ・ ・ ・	・ ・ ・ ・
探す問題	・ ・ ・ ・	・ ・ ・ ・
創る問題	・ ・ ・ ・	・ ・ ・ ・

第3章のまとめ

❶ 平穏無事な状態に満足せず、〝良い問題〟を捉えます。〝良い問題〟とは、解決によって自分自身や所属組織を成長・発展させるような、重要度の高い問題です。

❷ 問題はたくさんありますから、問題と課題を区別し、問題を選別します。

❸ 問題意識を高め、〝良い問題〟を捉えるためには、そもそものミッションやビジョンを問い直します。適度に挑戦的かつ現実的で、社会性があるのが良いビジョンです。

❹ 問題は、見える問題、探す問題、創る問題という3つに分類できます。見える問題だけでなく、探す問題、創る問題に対処することが重要です。

❺ 〝良い問題〟を捉えるには、課題を再定義すること、視点を変えて考察することが重要です。

❻ 〝良い問題〟は常識的な発想の外側にありますから、ブレーン・ストーミング、ＫＪ法、チェックリスト法など発散技法を用いて見つけていきます。

第4章

問題を整理し、計画的に解決する

“良い問題”を捉えることができたら、
原因と解決策をロジカルに整理し、
計画的に解決策を実行します。
Whyツリー、Howツリーなどロジカルな
思考法・技法を活用すると、
システマチックな分析ができるようになり、
問題解決の質が高まります。

1 ロジカルかつ計画的であること

① 思考は過去に向かう

〝良い問題〟が形成できたら、それを解決し、成果を実現します。本章では、原因を究明し、解決策を立案し、実行する、という8ページで紹介した問題解決の基本プロセスの後半部分のポイントについて考えます。

問題解決プロセスの前半の問題発見では、所属組織や自分自身にとって何が問題なのかはなかなかわかりませんから、発散思考で幅広く考察することが大切でした。それに対し、プロセス後半で成果を実現するために大切なことは、ロジカルかつ計画的であることです。勘と経験に頼りすぎず、筋道を立てて考えることが大切です。

とはいっても、これは〝言うは易し、行うは難し〟でしょう。問題に直面すると、人間の思考は過去へ過去へと向かいます。「過去に似たような問題を経験しなかったかな」「あのときはどう対処したっけ」というわけです。

たとえば、産業機械の営業担当者が取引企業から品質クレームを受けたら、まず「過去に似たような品質クレームを受けなかったかな。そのときはどう対応しただろう？」と考えます。過去に経験がある問題でしたら、記憶を頼りに過去に対処したやり方を再現することで、問題にうまく対応することができます。あるいは、自分自身に経験はなくても、職場内の記録を引っ張り出すという形でも、大丈夫かもしれません。

もちろん、過去の成功や失敗を生かして、同じ間違いを繰り返さないようにすることは大切です。

しかし、これから対処する問題が過去に経験した問題、よく似た問題である保証はありません。むしろ、これだけ企業を取り巻く環境が目まぐるしく変化する今日、かつて経験したことのない新しい問題に直面する場面が増えているのではないでしょうか。過去を振り返るだけでは、良い問題解決はできません。

2 ゼロベースの解決策

経験のない新しい問題に対処するには、過去の経験や勘に頼っても仕方ありません。ゼロベースで解決策を作り出していく必要があります。

自分の頭で、ゼロベースで解決策を作り出すということ、ロジカルに考えることが重要です。ロジカルとは、簡単に言うと、**筋道が通っている状態、構造や関係が明らかな状態**のことを言います。問題解決では、問題点（結果）とその原因、目的（課題）と手段（解決策）といった関係をロジカルに整理する必要があります。

具体的には、複雑な問題に対処するとき、ロジックツリーのような論理技法をよく用います。問題と原因の関係を体系化するロジックツリーがＷｈｙツリー、課題と解決策の関係を整理するのがＨｏｗツリーです。こうしたロジカルな技法を使うと、勘と経験で手当たり次第に対処するよりも、問題解決の効率・効果が高まります。

同時に、問題解決プロセスを計画的に進めることが重要です。複雑な問題をいきなり解決することは不可能ですから、綿密な計画を立てて、ステップ・バイ・ステップで進めていく必要があります。

私たちは、手当たり次第に問題に対処して、思うように解決できず、プロセスを行ったり来たりしてしまうことがよくあります。試行錯誤の状態です。もちろん、いろいろな方法を試してみるのが効果的な場合もありますが、プロセスを綿密に設計し、計画的に問題解決を進めることによって、プロセスを行ったり来たりすることがなくなります。結果として、リソースの無駄遣いがなくなり、問題解決の効率が高まります。

2 問題整理の技法

1 問題をグルーピングする

問題を整理・解決する最初のステップは、**グルーピング（分類）**です。

第３章でいろいろな問題点が発見・形成されましたが、それらはまだ整理されていない状態です。タイプの異なるいろいろな問題が交じり合っています。それを何らかの基準によって、似たものと異なるものに分けていきます。

たとえば、ある化粧品会社で、次のような４つの問題点があったとしたら、どうでしょうか。

①テレビＣＭがさえない
②商品のイメージ・好感度が低い
③成果主義の新人事制度が組織に十分に馴染んでいない
④社員が給与・処遇に不満を持っている

ここで、「わが社には4つの問題点がある」とは言わないでしょう。なぜなら、明らかに①と②は「販売（プロモーション）」に関する問題、③と④は「人事（給与制度）」に関する問題、とグルーピングできるからです。

複数の事象があると、私たちは意識・無意識にそれをグルーピングするのです。

② たくさんのクライテリアを持つ

複数の問題点をグルーピングするには、何らかの基準・切り口が必要です。基準・切り口のことを**クライテリア（criteria）**と言います。先ほどの例では、「販売／人事」というクライテリアを使いました。

問題解決では、適切なクライテリアを使って問題点をグルーピングすることが重要です。たとえば、たくさんの得意先を持つ化粧品販売店の営業担当者が売上高の減少に直面し

■図表4-1　グルーピング

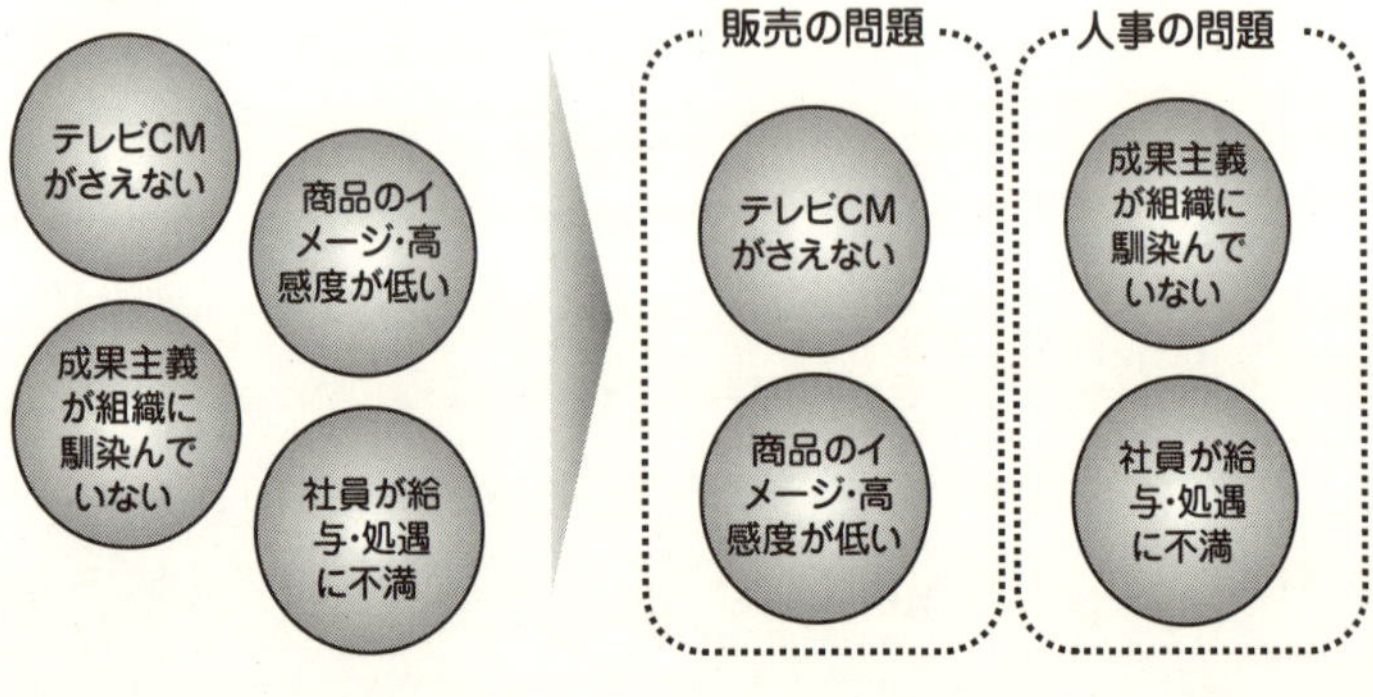

ているという場合、漫然と手を打つのではなく、得意先をグルーピングして問題点を分析することでしょう。たとえば、次のようないろいろなクライテリアを使います。

- 「新規顧客／既存顧客」
- 「購入金額別」
- 「法人／個人」
- 「年齢別」
- 「地域別」など。

どういうクライテリアを用いてグルーピングするかによって、問題点の見え方と対応が違ってくるでしょう。たとえば、「購入金額別」というクライテリアを使って、「年間10万円以上購入するヘビーユーザーの落ち込みが激しいので、この層に合った高級品の販促を強化する」といった具合です。この「購入金額別」というクライテリアが問題の内容・状況と照らして適切であれば、販促の効果が上がることでしょう。

問題解決では、できるだけたくさんのクライテリアを持ち、問題の種類によって使い分けるとよいでしょう。たくさんのクライテリアを持っているということは、その考察対象を多角的な視点から捉えていることを意味します。

③ MECEをチェックする

問題を整理するとき、ただグルーピングするだけではいけません。後になって別の重要な問題が見つかって、「ああ、こんな問題があったのか！」と後悔するようでは困ります。

こうした誤りを防ぐためには、「すべての論点が出尽くしていて、モレがないか？」と「出てきた論点がダブっていないか？」という2つを意識する必要があります。グルーピングにダブリがなく、かつモレがない状態のことを**MECE（Mutually Exclusive, Collectively Exhaustive：ダブリなく、モレなく。**〝ミッシー〟と読みます）と言います。問題点のグループ分けがMECEになっているかどうかを確認します。

たとえば、自動車市場を「国産車／外車」というグルーピングをすれば、自動車は国産車か外車のどちらかに分類できますから、分け方としてダブリもモレもありません。

しかし、「大衆車／ガソリン車」というグルーピングは不適切です。なぜなら、大衆車でありかつガソリン車というダブリがあり、他にも高級な電気自動車などモレがあるからです。

モレとダブリの関係は、次の4通りです。

① モレはないが、ダブリがある

デパートの顧客は「個人」か「法人・団体」に分類できますが、そこに「ギフト用」が入ってくると、個人のギフトも法人・団体のギフトもありますから、ダブリがあります。

② ダブリはないが、モレがある

「陸運」と「海運」はダブりませんが、他に「空輸」や「水運」があるのでモレがあります。

①

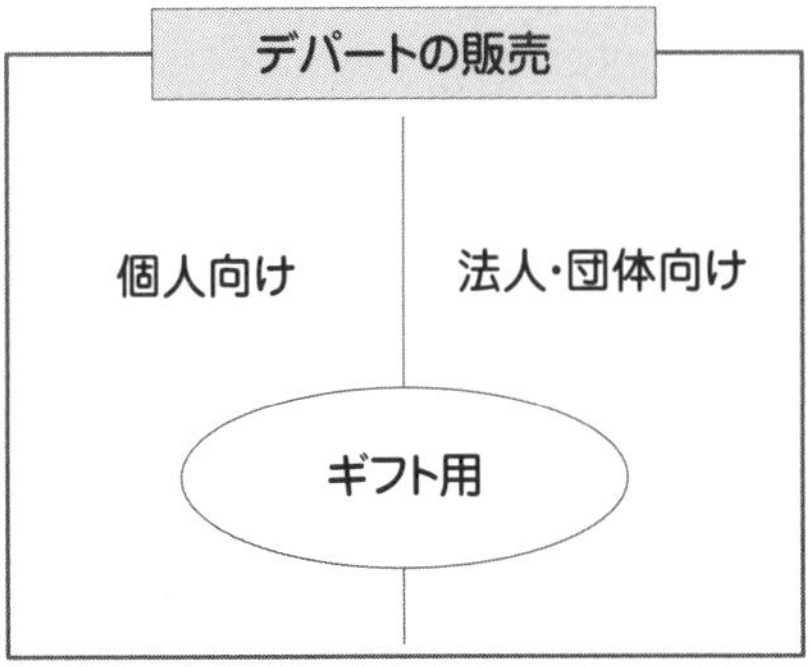

②

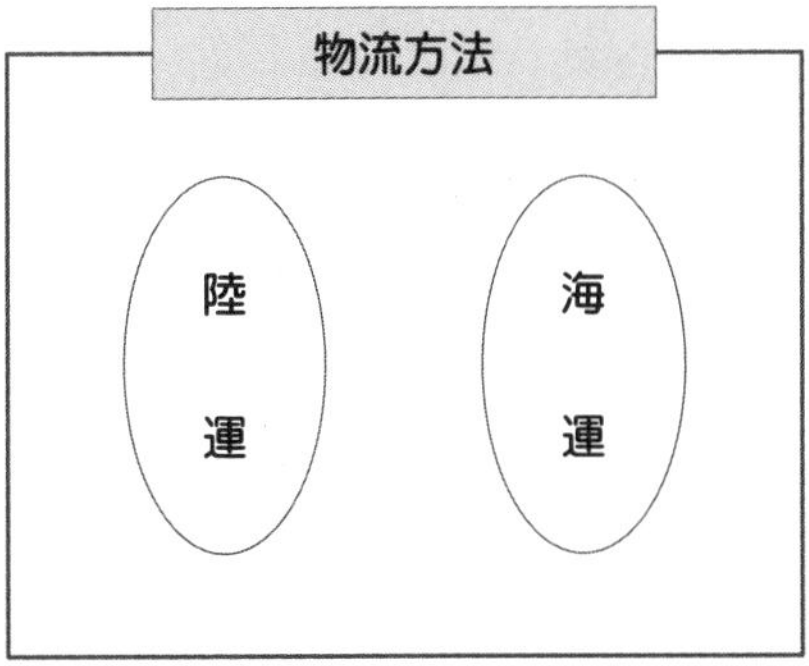

③ ダブリもモレもある

外資系の商業銀行、外資系の証券会社がありますから、「商業銀行」と「外資系金融機関」、「証券会社」と「外資系金融機関」はダブっています。また、「保険」「投資銀行」「政府系金融機関」「消費者金融」「カード」など他の要素がありますから、モレもあります。ダブリもモレもある、もっとも好ましくないグルーピングの状況です。

③

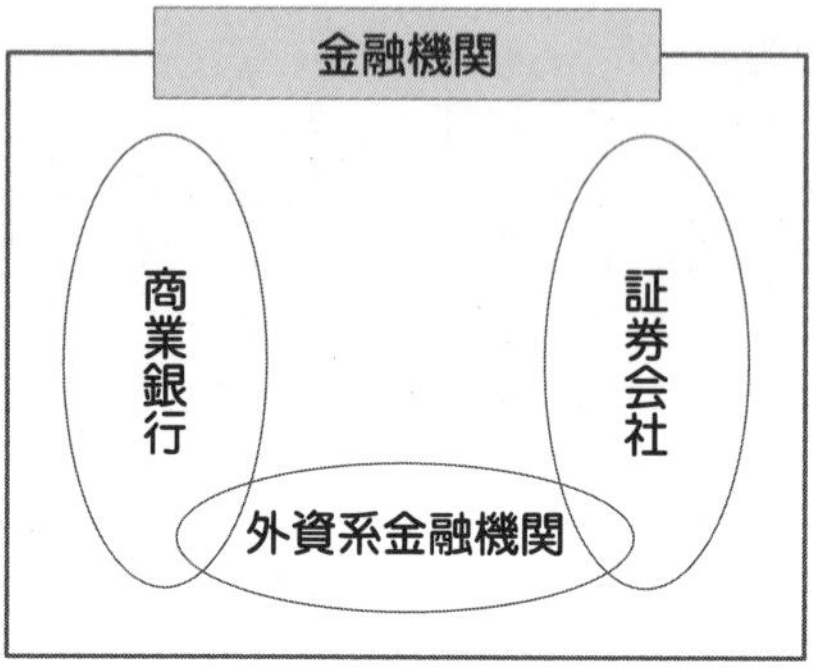

④

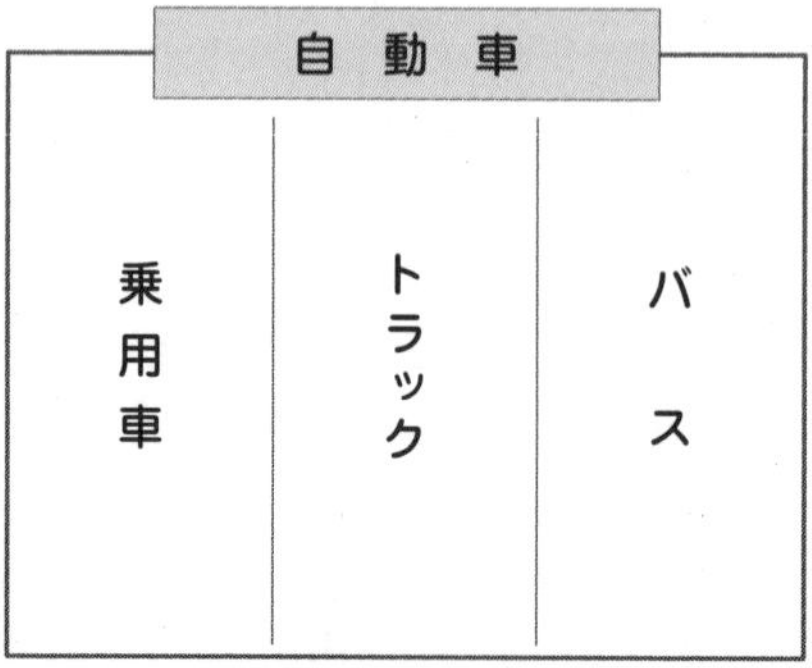

④　モレもダブリもない（MECE）

この自動車のグルーピングでしたら、モレもダブリもありません。望ましいグルーピングと言えます。

4　2つのレベルでMECEを考える

グルーピングがMECEの状態かどうかは、2つのレベルで考えます。1つは、今述べたグルーピングのクライテリアがMECEかどうかです。もう1つは、クライテリアによって分かれた各グループの内部がMECEになっているかどうかです。この2つのレベルでMECEかどうかをチェックして、MECEでなければ改善します。

たとえば、115ページのある化粧品メーカーの4つの問題点は、「販売／人事」という経営機能別でグルーピングしましたが、MECEでしょうか。

企業には、「販売」と「人事」の他に、「研究開発」「製造」「物流」「経理」「総務」といった多くの経営機能がありますから、それらをチェックしないとMECEとは言えません。おそらく、MECEとは言えないでしょう。

また、グループ内の「①テレビCMがさえない」と「②商品のイメージ・好感度が低い」、

「③成果主義の新人事制度が組織に十分に馴染んでいない」と「④社員が給与・処遇に不満を持っている」については、ダブってはいませんが、モレがないかどうかを確認する必要があります。

問題点をグルーピングだけでなく、物事を分析・説明するとき、つねにMECEを意識するとよいでしょう。

5 フレームワークの活用

自分の頭でゼロからMECEを作り出すのは容易ではありません。そこで、考えるとりかかりとして、既存のフレームワークを積極的に活用するのが得策でしょう。代表的なフレームワークは以下の通りで、問題の内容に応じて活用します。

【ヒト・モノ・カネ】

経営資源の分類。これに「情報」「技術」が加わることもあります。

【QCD】

製品・サービスを提供するときの効果は、Quality（品質）、Cost（価格）、Delivery（納期）

の３つの視点から評価します。〝需要の３要素〟と呼ばれます。徹底的に低価格（Ｃ）を追求すると、品質（Ｑ）がおろそかになったり、納期（Ｄ）の遅延が発生するように、ＱＣＤは「あちらを立てればこちらが立たない」というトレード・オフの関係にあります。

【３Ｃ】

自社の事業・製品の問題点を考える際には、３Ｃが基本です。３Ｃとは、Company（自社）、Competitor（競合）、Customer（市場）です。新規事業や新製品を開発する場合など、３Ｃ分析を行います。

【４Ｐ】

マーケティングについて考える場合、４Ｐを使って検討するとよいでしょう。４Ｐとは、Product（製品）、Price（価格）、Promotion（販売促進）、Place（経路）です。

【ＰＥＳＴ】

マクロ外部環境の変化は、Politics（政治・法規制）、Economy（経済）、Society（社会）、Technology（技術）に分類できます。

【ＳＷＯＴ】

企業・職場・個人の内外の環境を分析するとき、内部の強み（Strength）と弱み（Weakness）、外部の機会（Opportunity）と脅威（Threat）の４つで体系化します。

3 原因を究明する

① 因果関係を調べる

グルーピングをしたら、続いてグループ内の問題点同士が原因と結果の関係（因果関係）を形成しているかどうかを調べます。

グルーピングをした問題点同士は、無関係（**独立**と言います）かもしれませんが、因果関係を形成している場合があります。「テレビＣＭがさえない」が原因で「商品のイメージ・好感度が低い」が結果という因果関係がある場合、「商品のイメージ・好感度が低い」という結果の方に対処しても仕方がありません。「テレビＣＭがさえない」という原因の方に対処する必要があります。

そこでまず、問題点同士が因果関係を形成しているかどうか推測します。

先ほどの「①テレビＣＭがさえない」と「②商品のイメージ・好感度が低い」、「③成果主義の新人事制度が組織に十分に馴染んでいない」と「④社員が給与・処遇に不満を持っている」は、次のような因果関係が想定できます。

原因「①テレビCMがさえない」
↓ 結果「②商品のイメージ・好感度が低い」
原因「③成果主義の新人事制度が組織に十分に馴染んでいない」
↓ 結果「④社員が給与・処遇に不満を持っている」

つまり、問題点としては2つ、それぞれに原因が1つずつというわけです。ただし、これはあくまで想定であって、本当に因果関係にあるかどうかは、調べてみないとわかりません。何を調べるのでしょうか。

2 因果関係成立の3つの条件

AとBという2つの事象があるとき、「AがBの原因である」と特定するには、次の3つの条件を満たす必要があります。

Ⅰ　Aが変化すればBが変化する（**相関性**）
Ⅱ　AはBに時間的に先行して発生する（**時間的先行性**）
Ⅲ　Bの原因になるのはAだけで、他に有力な原因が存在しない（**擬似相関の欠如**）

これを、「①テレビCMがさえない」と「②商品のイメージ・好感度が低い」という先ほどの例について、何をチェックするべきか考えてみましょう。

Ⅰ　**相関性**

テレビCMと商品のイメージ・好感度には相関性があるでしょうか。たとえば、月単位あるいは地域単位でテレビCMの頻度と商品のイメージ・好感度について比較調査をすれば、相関性が確認できます。

厳密には、EXCELの相関係数を算定すると（「挿入」→「関数」→「統計」→「CORREL」）、数値的に相関性の強さを把握することができます。

Ⅱ　**時間的先行性**

テレビCMが始まったことと商品のイメージ・好感度の低下について、どちらが先にその事象が起こったかを調べます。普通、原因が先にあって結果が生まれますから、後者の方が先に発生していたら、テレビＣＭがさえないのは原因ではないということになります。

Ⅲ　擬似相関の欠如

最後に、ⅠとⅡを満たしている場合、その他の有力な原因がないかどうかを調べます。もしも「商品のネーミングが顧客層に合っていない」という別の要因があり、商品のイメージ・好感度に大きな影響を与えているとしたら、ⅠとⅡを満たしていても、「テレビＣＭがさえない」のは原因ではないということになります。

以上はやや厳密な議論で、いつもこうした確認をする必要があるというわけではありません。たとえば、「夏の気温」と「ビールの消費量」のように、明らかに因果関係がある場合は、省略してもよいでしょう。ただ、因果関係があるかどうか疑わしい場合については、以上の3点を慎重に確認します。

3 因果関係をWhyツリーに整理する

ＭＥＣＥを意識して問題点をグルーピングし、グループ内部での因果関係を把握したら、それをさらにＷｈｙツリーにまとめます。

問題点には原因と結果があり、1つの問題に複数の原因がある場合があります。MECEと因果関係を意識して、左：結果、右：原因という構造で問題の状況を整理したのがWhyツリー（ロジックツリーの一種、いろいろな呼び方があります）です。

「①テレビCMがさえない」と「②商品のイメージ・好感度が低い」を例にとると、図表4-2のようなツリーに整理できました。

Whyツリーを作成する上で、以下の3点に注意します。

①　因果関係の確認

ヨコへの展開では、左側の結果へ、右側の原因へとより深く展開していきます。たとえば、左へは「商品の売れ行きが悪い」ことによってどういう影響が出ているのか、右へは「テレビCMがさえない」のはなぜ

■図表4-2　Whyツリーの例

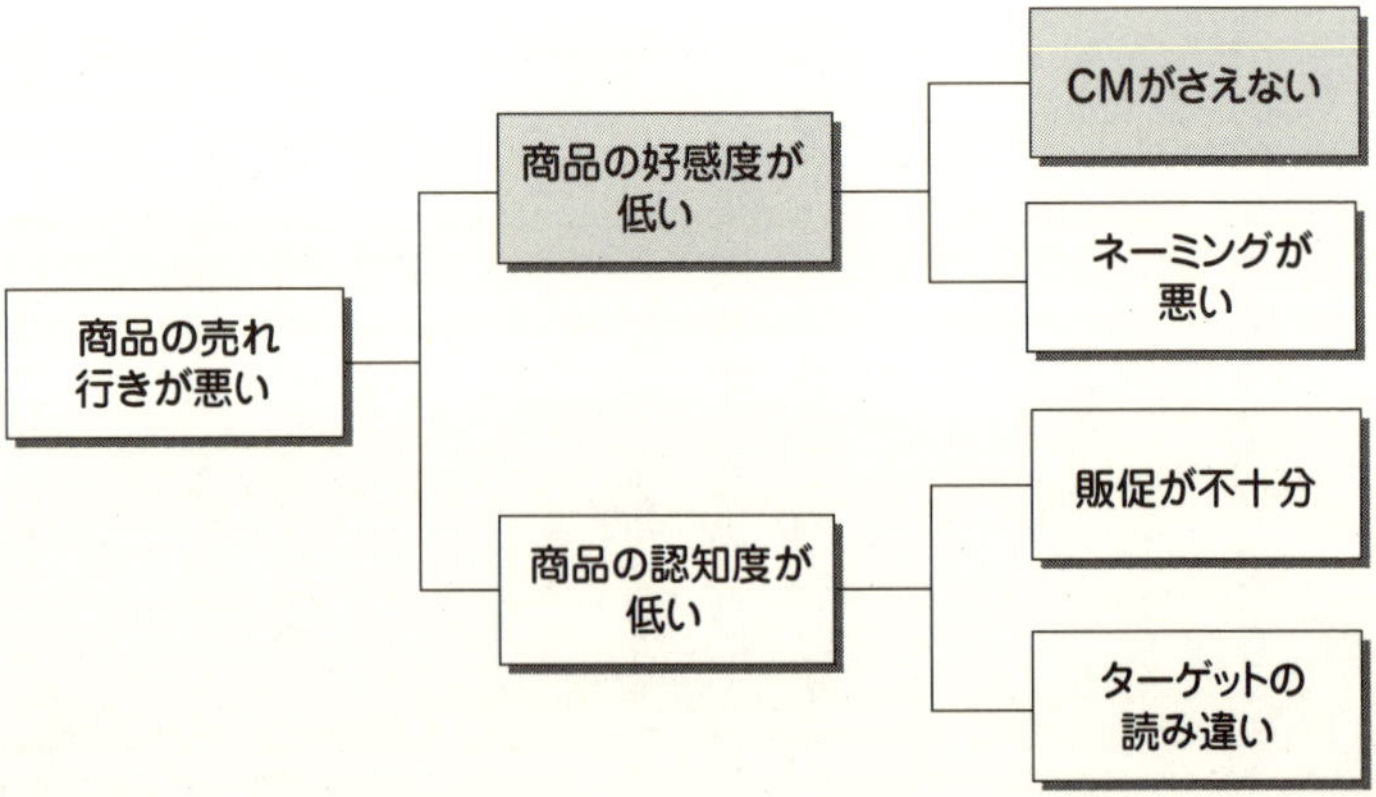

か、という具合です。とくに右側の展開は、トヨタ用語で「**なぜを5回繰り返せ**」と言われるように、しつこく「なぜ？」を問いかけて右側に展開すると、より具体的な原因が把握できます。ただし、ツリーを形作ることに集中し、繋がり（蓋然性）の弱いものを無理やり繋げてはいけません。「風が吹けば桶屋が儲かる」式のいい加減な展開にならないように、因果関係があるかどうかを慎重に確認しながら整理します。

② MECEの確認

タテの展開では、MECEを意識することが大切です。ビジネスでは、1つの結果に対し1つの原因というわけではなく、複数の原因があることが多いでしょう。列挙した原因がMECEかどうか確認して、MECEでないなら、それを埋める要因を探します。

③ ディメンジョンの確認

タテとヨコが揃って、一通りツリーが完成したら、**ディメンジョン**が揃っているかどうかを確認します。ディメンジョンとは、考察する対象の抽象水準のことです。

Whyツリーは、左が結果、右が原因、という構造ですから、左にいくほど抽象的、右にいくほど具体的になっているはずです。ロジックツリーのタテに並んだ要素、たとえば、「商品の好感度が低い」と「商品の認知度が低い」が同じ程度の抽象水準であれば、ディメンジョンが揃っている状態です。そうでないなら、揃えるように別の要因を探します。

④ 真因を突き止める

続いて、たくさんの原因の中から真因を突き止める作業をします。

原因がわかったら、Ｗｈｙツリーの一番右に並んだ具体的な原因に対して対策（解決策）を考えていくわけですが、Ｗｈｙツリーで列挙した原因すべてに対処するということはしません（できません）。原因の中でもとくに問題発生に対し重要な影響を及ぼしている真因を探し出して、重点的に取り組みます。

先ほどのＷｈｙツリーでは、「ＣＭがさえない」「ネーミングが悪い」「販促が不十分」「ターゲットの読み違い」という一番右に並んでいるのが最も具体的な原因ですから、この中から影響度合いなどを勘案して、たとえば「販促が不十分」が真因だ、のように判断します。

問題の内容にもよりますが、真因がすでに明確になっている場合や、定量的な要因分析によって真因を突き止めることができる場合はまれでしょう。たくさん列挙した原因のどれが真因であるかを分析するのは、容易なことではありません。問題の状況などについて、定量分析するだけでなく、関係者にヒアリングをしたりして考え抜きますが、最後の最後は経験と感触で決めることが多いかもしれません。

一番いけないのは、真因がわからないからといって、とりあえず考えついたすべての原因に対し手当たり次第に対応しようとすることです。組織であれ個人であれ、予算・時間・マンパワーなどリソースの制約がありますから、すべてに対応しようとすると、リソースが分散し、どれもこれも中途半端に終わってしまいます。仮説のレベルでも結構ですから、真因を絞り込むことが重要です。仮説を確かめてみて、もし間違っていたら、またやり直せばよいわけです。

4 解決策を立案する

1 まず発散的に考える

原因がわかったら、原因に対して解決策を検討するのが次のステップです。問題によっては、採るべき解決策がはっきり決まっていて、後はしっかり実行するかどうかだけ、ということがあります。早く解決策を決めて、一刻も早く解決しようとします。しかし、〝良い問題〟は往々にして複雑ですから、いろいろな解決策があり、どれを実行すればよいのか大いに迷います。なかなかすぐに解決策に着手することはできません。

ここからは、ＩＴ企業・バリューテックの管理部で総務担当をしている合田さんの問題解決を例にとって、解決策の立案について考えていきましょう。

バリューテックは急成長を続けており、従業員数は４年間で２倍に増えました。バリューテックの本社は、ターミナル駅前のオフィスビルに３フロアを借りています。

従業員が急増した結果、本社のオフィスが手狭になり、業務の効率が低下しています。合田さんは、社長からこの問題にどう対処するべきか、検討を任されました。

私たちは、「オフィスが狭くなった、さてどうする?」という課題に対しては、つい反射的に「じゃあオフィスのスペースを拡充するか」と問題点の逆をすることを考えます。もちろん、こうした問題点の逆をするという解決策が有効な場合もありますが、それだけが解決策とは限りません。

反射的に思いついたある解決策を選んで実行した後になって、「ああ、もっと別のよい解決策があったな」と気づくようでは困ります。最終的な問題解決のレベルは解決策の水準によって決まりますから、パッと思いついた解決策に飛びつく前に、**まずは考えうる解決策をすべて幅広く考える**ようにします。

解決策について幅広く考えるためには、第3章で説明した、問題を発見するときに用いた発散思考や視点を変える技法が有効です。とくに、自分ひとりでは、思い込みもあってなかなか創造的なアイデアは出ませんから、複数の仲間とブレーン・ストーミングをするとよいでしょう。

合田さんは、管理部の同僚を集めて、意見交換を行いました。その結果、合田さん自身は思いつかなかった、次のような意見が出てきました。

「これだけネット環境が発達していることだから、在宅勤務を本格的に導入してはどうでしょうか。オフィススペースを節約できるだけでなく、通勤時間のムダがなくなって、生産性が上がると思います」

「わが社のSEはプロジェクトが始まると、クライアントのところへ出払っていることが多いですから、クライアントの職場にオフィススペースを持たせてもらうのはどうでしょうか。顧客とのコミュニケーションも深まります」

「わが社は急成長してきましたが、クライアントのシステム構築が一巡し、今後は成長鈍化が見込まれます。この調子で社員が増えることを前提に対策を考えるのではなく、SEを中心に人員増加を抑制することも考えるべきではないでしょうか」


繰り返しますが、複雑な問題を解決するには、反射的に思いついた解決策をそのまま実行するのではなく、まず幅広く発散的に解決策を探索することが大切です。

ただ、実際には、これは意外と難しいことです。私がコンサルティングでクライアント企業の担当者と経営の問題解決に取り組むときも、たいてい皆さん自分なりの結論を持っていて、〝結論ありき〟の検討になってしまいがちです。いったん自分なりの結論を持ってしまうと、よほどの失敗をしない限り、考えをあらためるというのはできないものです。

コンサルティングがうまくいくかどうかの1つの大きな分かれ目は、あらかじめ持っていた結論を一旦忘れ去って、あらためて考えてもらえるかどうかです。創造のために過去の学習を消し去る手続きを**学習解除**（unlearning）と言います。

② Howツリーに整理する

考えうる解決策がある程度出揃ったようなら、それらを体系的に整理します。そのとき有効なのがHowツリーです。

Howツリーは、課題に対する解決策を整理するツリーです。最も左に抽象水準の高い課題（目的）を配置し、右側にその具体的な手段を展開していきます。右にいくほど具体的な手段です。問題解決では、一番右の具体的な手段の中から一定の基準で特定のものを採用します。

Howツリーの作り方は、左・目的、右・手段という位置関係にするという以外は、先ほどのWhyツリーとほぼ同じです。ブレストによって出てきた解決策を、MECEを意識して体系化していきます。

バリューテックの合田さんは、ＳＥが増えてオフィスが手狭になっている状況について、図表4－3のようなHowツリーで解決策を整理しました。

Howツリー作成のポイントは、Whyツリーのときと同様に、ＭＥＣＥとディメンジョンを意識することです。

私たちは、問題をスピーディに解決しようとして、解決策の全体像を明らかにすることなく、焦って解決策を決めようとします。そのようにすると、まず全体像を知るという前に、どの解決策がよいのか、現実性があるかどうか、個人的に好きか嫌いか、といった点が気になることでしょう。

しかし、まずそういうことは一旦忘れて、考えうる解決策をすべてＭＥＣＥで列挙します。問題解決の水準は解決策の水準で最終的に決まりますから、あとに

■図表4-3　Howツリーの例

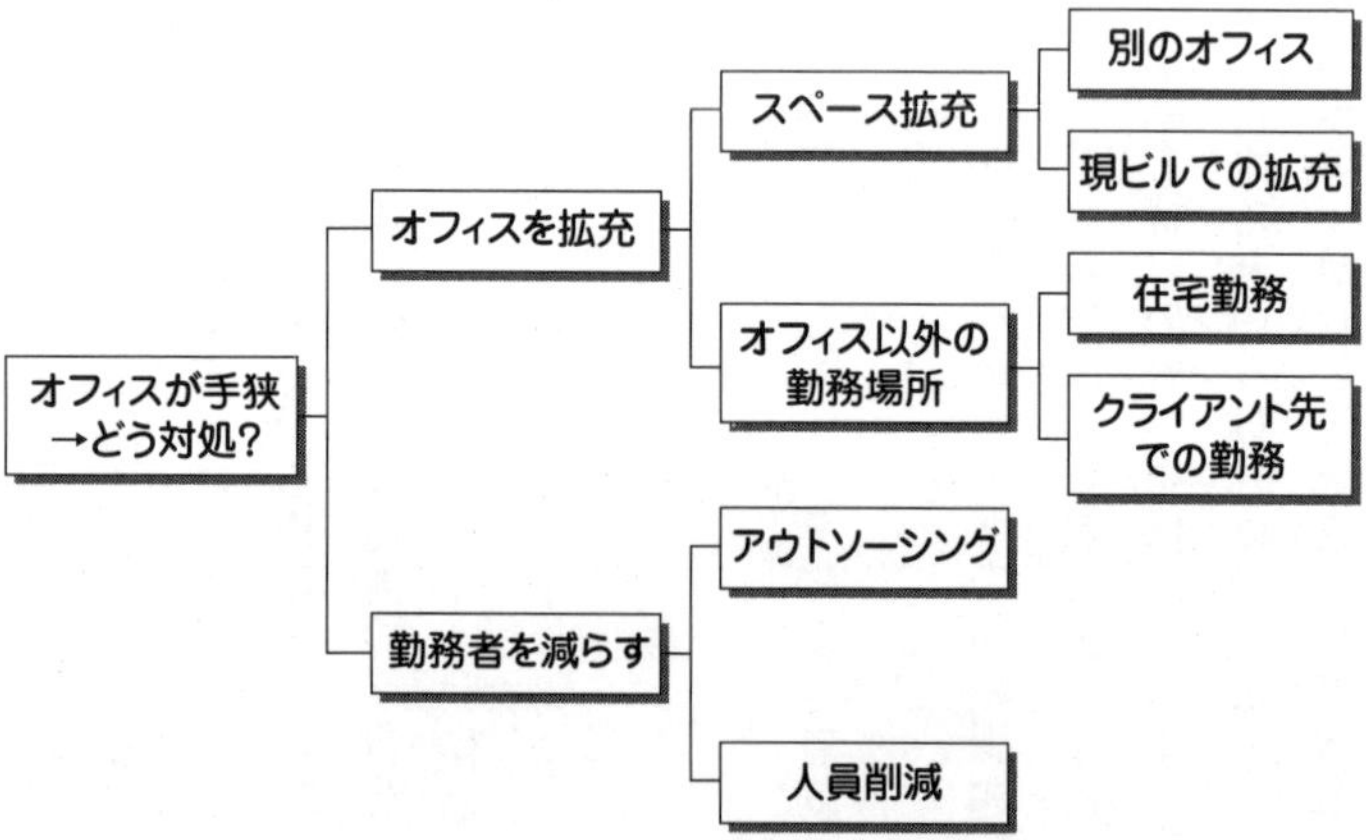

なって「ああ、他に○○という方法があったな」と後悔することがないよう、慎重に検討します。

そのためには、繰り返しになりますが、まずブレストを実施することから始めるとよいでしょう。いきなりツリーの左側からツリーを作るのではなく、まずはブレストをして、ある程度解決策が出尽くしたと判断したら、ツリーに体系化し、さらにＭＥＣＥをチェックする、という手順を踏むわけです。

３ 決定基準を明らかにする

Ｈｏｗツリーのように解決策が整理できたら、その中から有効な解決策を選んで実行します。Ｈｏｗツリーの一番右側に並んでいるのが、最も具体的な解決策です。いかなる個人・組織でも問題解決のために利用できるリソースには限りがありますから、いろいろな解決策をあれもこれもと実施するわけにはいきません。「これだ！」と思う解決策を選んで、重点的に実行する必要があります。

ベストの解決策を選ぶためには、決定基準をはっきりさせる必要があります。問題の内容や組織・個人の置かれた状況にもよりますが、個人の場合は、一般に次のような基準があります。

① **費用対効果**

それぞれの解決策を実施した場合の投資・費用と効果の見積もり。どの選択肢が最も効果が大きいか。

② **効果実現の時間**

どの選択肢が効果を得るのに時間的に早いか。

③ **実現性**

選択肢は、実現性が高いか。実現のための障害を明らかにし、実現性が低い選択肢は排除する。

④ **リスク**

どのようなリスク要因を伴っているか。リスクの内容と程度。

⑤ **関係者への影響**

社内外の関係者にどのような影響を及ぼすか。

⑥ **自身のビジョン・価値観・キャリアとの整合性**

自身のビジョン・価値観・キャリアに照らして、選択肢は整合しているか。

⑦ **所属組織のビジョン・目標との整合性**

所属組織のビジョン・目標と整合していて、全体最適になっているか。

４ ベストの解決策を選ぶ

まず、問題に応じた決定基準を列挙して、その中から自分（あるいは所属組織）としてはどの基準を重視するのかを決めます。基準が決まったら、基準にしたがってそれぞれの選択肢を評価し、選択肢を決めます。選択肢は、あれもこれもではなく、ベストと思う1つ、ないし少数のものを選びます。

合田さんは「①費用対効果」「③実現性」「⑤関係者への影響」「⑦所属組織のビジョン・目標との整合性」という4つの基準で評価しました。まず、「③実現性」の基準から、実現性が低いと思われる「アウトソーシング」や「現在のビルでの拡充」を除きました。そして、残った選択肢を「①費用対効果」「⑤関係者への影響」「⑦所属組織のビジョン・目標との整合性」で比較しました。

合田さんが最後まで迷ったのは、「別のオフィスを探す」と「クライアント先での勤務」でした。「クライアント先での勤務」は、費用対効果が読みにくい面があったので、周囲の同僚はオーソドックスに「別のオフィスを探す」ことを勧めました。しかし、最終的に合田さんは、「クライアント先での勤務」を担当者案とすることに決めました。バリューテックは、クライアントに入り込んで、クライアントの実態に合ったシステムを提案・構築できる企業になることを目指しており、会社の目指す方向に寄与する解決策であることが重要だと考えたのです。

合田さんは、早速アイデアを提案書にまとめました。関係各部と調整した上で、それを上長経由で経営会議に提出し、正式に承認を得ました。

5 決定の留意点

ここでは合田さんの事例を使って決定の進め方を解説しましたが、(Howツリーを作成した後)適切な決定をするためには、一般に次のような点に留意します。

(1) まず、どのような決定基準があるのか、幅広く抽出します。決定基準は1つだけというのはまれで、多数あるのが普通です。いきなり決め打ちをするのではなく、決定基準についてもブレストするとよいでしょう。

(2) 数ある決定基準の中から、どのような基準を重視するかを決めます。たくさんの基準を平等に扱うのではなく、問題の内容や解決目標などに照らして、少数の重要な基準を選びます。

(3) 決めた基準によって選択肢を評価し、解決策を選びます。あれもこれもではなく、1つないし少数の選択肢を選びます。複数の解決策を選ぶこともありますが、その場合は、優劣や実施順序を明らかにします。合田さんは、図表4-4のように複数の基準をマトリックス上に整理しました。

なお、たくさんの決定基準から選ぶとき、ビジネスとして「①費用対効果」を重視するのは当然ですが、あとは自分自身を中心に考え、「⑥自身のビジョン・価値観・キャリアとの整合性」に注目しがちです。

一方、合田さんが重視した「⑦所属組織のビジョン・目標との整合性」は、つい見過ごしてしまいがちな論点です。皆さんも上司から「部分最適に陥るのではなく、つねに組織の全体最適を目指せ」と言われた経験があろうかと思います。全体最適を判断基準として意識するのは、組織人として大切にするべき視点です。

■図表4-4　課題「オフィス拡充」のマトリックス分析

	別のオフィス	現ビルでの拡充	在宅勤務	クライアント先での勤務	アウトソーシング	人員削減
① 費用対効果	×	×	○	○	△	○
③ 実現性	○	×	△	△	×	△
⑤ 関係者への影響	○	△	△	△	×	×
⑦ 所属組織のビジョン・目標との整合性	△	△	△	○	×	×

6 デシジョンツリー

ここで、代替案の選択・決定でよく使われるデシジョンツリーを紹介します。

問題解決では、1つの問題について1つの選択肢というのはまれで、多数の選択肢が存在します。複数の決定が段階的に必要であったり、決定から行動までの間に不確実性がある場合、デシジョンツリーを使って選択肢を体系化し、意思決定するのが効果的です。とくに投資判断では、デシジョンツリーをよく利用します。

デシジョンツリーは、起こりうる意思決定シナリオとその結果（ペイオフ）を列挙し、それらをツリー上に記述するものです。これらのシナリオと結果に対して、起こりうる確率を設定し、期待値を比較して意思決定します。

バリューテックの合田さんは、現在のオフィスが手狭になったことに対応し、将来オフィスを借り増しするべきかどうかを検討しています。

現在、バリューテックはあるオフィスビルの3フロアを借りています。1フロア当たりの賃料は200万円／月で、合計月600万円です。さらに1フロア借り増しする場合、月200万円のコストアップになります。

借り増しをしない場合、勤務するSEの仕事の生産性が低下し、月当たり150万円のコストアップになると見込まれています。

また、このオフィスビルでは、近い将来、1フロア当たりの賃料を150万円へと値下げする可能性が40%あります（60%の確率で、値下げはなし）。

この状況において、合田さんは意思決定シナリオとペイオフの関係をデシジョンツリーで整理しました。

◎借り増し・値下げ：借り増し△200万円＋値下げ50万円×4フロア＝±0

◎借り増し・単価維持：借り増し△200万円

◎借り増ししない・値下げ：値下げ50万円×3フロア＋生産性低下△150万円＝±0

◎借り増ししない・単価維持：生産性低下△150万円

計算によると、それぞれの意思決定の期待値は、借り

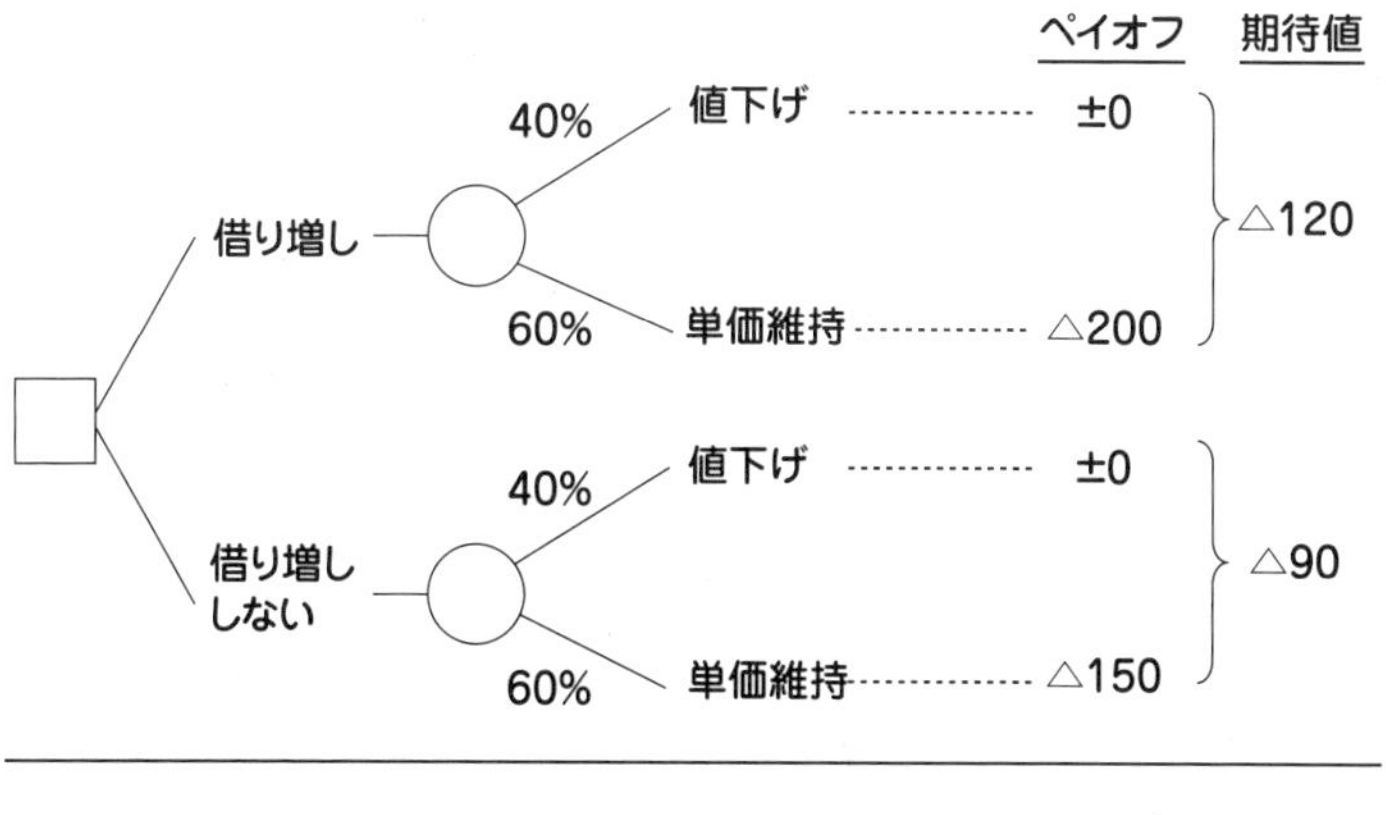

増しした場合がマイナス120万円／月、借り増ししない場合がマイナス90万円／月でした。

借り増ししない方が得策という判断になりました。
◎借り増し：±0×40％＋△200×60％＝△120
◎借り増ししない：±0×40％＋△150×60％＝△90

なおデシジョンツリーの中で、慣習的に意思決定ノード（意思決定者がコントロールできる変数・行動）を□、確率ノード（意思決定者がコントロールできず、他者・自然・偶然に支配される変数）を○の記号で表します。

5 計画的な実行と成果実現

1 実行計画を立てる

解決策を作ったら、実行計画を作って実行していきます。

Howツリーで体系化した解決策は、どういう方向性で解決していくべきかという大雑把な考え方のレベルにすぎませんから、そのまま実行に進むことはできません。確実に成果を実現できるように、具体的に実行計画を策定して、計画的に進めます。

具体的にどのように実行計画を作るのかは、問題の内容・種類によって大きく異なります。ただ、有名な5W1Hを覚えておくと、計画にモレが少なくなります。ビジネスで重要なHow much（いくらで?）を含めた5W2Hは、以下の通りです。

① Who／Whom（誰が／誰に）：誰が誰に対して問題解決するのか。

② What（何を）：どのような問題を扱うのか。

③ When（いつ）：いつから始めて、いつまでに解決するのか。途中の過程。
④ Where（どこで）：解決に取り組む場所、範囲。
⑤ Why（なぜ）：なぜ問題解決が重要なのか。何を目指すのか。
⑥ How（どのように）：どのような方法で解決を進めるか。
⑦ How much（いくらで）：資金など、どのようなリソースを使うか。費用に見合った効果が見込めるか。

ここで検討が必要になるのは、計画をどこまで具体化するかです。大きな問題を長期間かけて解決するとなると、自ずと途中で挫折する可能性が高くなります。

そこで、課題をいくつかの短期の作業（タスク）に分割し、こまめに進捗確認ができるようにします。たとえば、「社内の交際費を削減する」という大きな課題に取り組む場合、「交際費の使用実態を調査する」「交際費を金額別・用途別などに分析する」「交際費削減の影響を推定する」という小さなタスクに分割するわけです。大きな課題には立ちすくむという人でも、小さなタスクなら見通しが立ちやすいので、実行可能性とモチベーションが高まるでしょう。

2 実行計画書に落とし込む

計画は、ただ頭の中で考えて、自分一人で納得しているだけではいけません。計画書に落とし込んで〝見える化〟し、関係者と共有することが大切です。組織の中で大きな問題を解決する場合、予算などの承認を得る上でも、計画を実行計画書にすることは欠かせません。

合田さんは、早速、ＳＥやクライアントへのヒアリングなどを実施して、このアイデアを具体化し、次ページのような計画書を作成しました。

承認日：2010年7月30日
起案日：2010年5月31日

承　認	起案者
清　水	合　田

実　行　計　画　書

計画名	クライアント先での常駐勤務の推進
内容	システム1部・2部に所属するSE80名について、プロジェクト期間でのクライアント先での勤務を増やし、業務効率アップと経費節減を図る。
理由・効果	・現在、SEはプロジェクトに入ると、クライアント先での会議・調査などをし、オフィスに戻って内部調整やシステムの作り込みを行っている。 ・このやり方では、往復の移動時間が無駄、クライアントとのコミュニケーションの希薄化という問題がある。 ・今回、SEのクライアント先での常駐勤務を推進することによって、業務の効率化を実現するものである。 効果：4,000千円／年（移動時間減少に伴う残業手当削減） ・また、当社オフィスはSEの増加で手狭になっており、今回の計画によって、1フロア借り増しを回避できる。 効果：2,000千円／年（賃借料）
具体策	・プロジェクトの期間クライアントのオフィスに常駐する。 ・そのために、システム1・2部で業務プロセスを見直す。 ・PCのセキュリティ対策を講じる。
スケジュール	2010年10月、幹部会承認 2010年12月、業務プロセスの見直し 2010年12月、PCセキュリティ対策 2011年3月、新制度導入
推進体制・担当	・システム1部・沢口：SE業務プロセスの見直し、顧客交渉 ・監査室・久保田：セキュリティ対策 ・総務部・谷口：賃借料関係、プロジェクト取りまとめ
予算措置	2,000千円／年（統制固定費） 持ち出し用PC80台分のセキュリティ対策強化

③リソースと環境を整える

どれだけ綿密な計画を練ったとしても、どれだけやる気があっても、十分なリソースを手当てしなければ問題解決は進みません。実行計画が決まったら、解決に着手するにあたり、必要なリソースと環境を整えます。

ビジネスの問題解決で用いるリソースは多岐にわたりますが、一般に次のようなものがあります。

① **ヒト**
問題解決に協力をしてくれる関係者・関係部署

② **モノ**
使用する場所、機械・道具など設備

③ **カネ**
投資・費用の予算、それをどこから調達するか

④ **技術・ノウハウ**

⑤ 情報

問題の内容にもよりますが、やはり問題解決の鍵を握るのは、ヒトです。多くの場合モノやカネといった物理的なリソースよりも、人的なリソースが問題解決のポイントにも制約条件になるでしょう。たいていは自分一人で問題を解決することはできませんから、適切な関係者に協力を仰ぐべきです。

ヒトに限らず、いざというときに必要なリソースをタイムリーに調達するためには、緊急のときだけでなく、日頃からリソースを調達・活用できる状態にしておくことが大切です。たとえば、新製品開発のために外部の研究機関から技術を入手したいと考えても、いきなり話は進みません。新製品開発が具体化する前から、将来の見込みを立てて研究機関と技術提携をしておくなど、関係を深めておく必要があります。

とくに人的なネットワーク、人と人との付き合いは、長期的な視点が必要です。他人との信頼関係は短期間では形成できませんから、目先の損得にこだわりすぎず、人的ネットワークの形成を心がけます。

④ 集中的に実行する

リソースと環境が整ったら、実際に手足を動かして、成果実現に向けて活動します。問題解決の最終的なレベルは、適切な問題を捉えて原因の分析と解決策の立案をしっかりやるところまでで7割以上決まっています。したがって、実行段階面では、それほどたくさんの注意事項があるわけではありませんが、とくに重要な点を3点だけ挙げておきましょう。

① メリハリをつけて、重点的に実施する

本書でここまで繰り返し強調しているように、あれもこれもと手を出してリソースが分散し、どれも中途半端な状態になってしまうのが、問題解決で最も好ましくない状態です。他の問題や通常業務のことなど、気になることはたくさんあるでしょう。しかし、目途が立って区切りがつくまでは、優先的・重点的にその問題の解決に取り組むようにします。

日本企業のオフィスワークは、国際的に見て生産性が非常に低いと言われます。電話がかかってきたり、無駄な会議が多かったり、同僚や上司との雑談が多かったりなど、長時間オフィスにいて働いているつもりでも、実際には、あまり集中して仕事ができていないというこ

とになります。問題解決では、ダラダラと時間をかけるよりも、短時間でも集中することの方が効果的です。一日の中で、自分なりに集中できる「プライムタイム」を持ち、集中して仕事に取り組む習慣を付けるとよいでしょう。

② 成果実現まで粘り抜く

〝良い問題〟であるほど内容が複雑かつ困難で、短期間で簡単に解決できません。半年、1年、場合によっては、数年かかることもあるでしょう。当然、期間が長引くほど途中で挫折する可能性は高くなります。強い意志を持って、成果実現まで粘り抜く覚悟が必要になります。とはいっても、強い意志、覚悟を持つということは、口で言うほど簡単なことではありません。怠惰な人でなくても、簡単な問題には取り組んでも、どうしても困難な問題解決は後回しにしてしまいがちです。

そこで、人間は意志が弱いということを前提に対策を考えるとよいでしょう。無理のない計画を作る、問題解決目標を公表する、関係者との協力関係を事前にしっかり構築する、など、一工夫が必要です。

③ 柔軟に軌道修正する

問題解決を実際に進める過程では、計画段階では気づかなかった不測の出来事が起こって、計画がうまく進捗しないことがあります。そういう場合、どうしても挫折感を持ってしまいますが、無理に計画を守ろうとしてうまくいかないと、「計画は計画、現実は現実」という扱いになり、計画自体への信頼感が損なわれます。解決目標という最終的なゴールは簡単に変えるべきではありませんが、計画を守って成果を実現するために、進め方やチェックポイントは変更します。

5 結果を評価し、次に繋げる

問題解決に取り組んだら、何がしかの結果が出ます。計画通りに解決できて、個人や組織が大いにレベルアップすることもあれば、思うような成果を出せないこともあるでしょう。いずれの場合でも、必ず出てきた結果を評価します。

実際には、一通りの結果が出ると、「やれやれ」と息を抜いてしまうことが多いでしょう。気持ちはわかりますが、これからもビジネスは続くわけですから、やりっぱなしにせず、結果を評価し、将来の問題解決へと繋げていくことが大切です。

具体的には、次の4点をチェックします。

① 当初のねらい、計画通りの成果が出ているか。どこが計画に達し、どこが達していないか。

②　予定外の副次効果や他部門への影響はあったか。
③　問題解決のプロセスはどうだったか。良かった点、悪かった点。
④　残された課題はあるか、今後引き続き取り組むべき事柄は何か。

ここで確認しておきたいのは、②と③です。問題解決に限らずある行動を評価するとき、普通①と④は実施するでしょうが、②と③は忘れがちです。問題解決は、さまざまな関係者に影響を与えますから、単に取り上げた問題の結末がどうなったかだけでなく、②副次効果や他部門への影響にも広く注目します。

また、出てきた結果を評価するだけでなく、③問題解決プロセスについても評価するとよいでしょう。将来、いろいろなタイプの未知の問題に直面したときに満足な解決ができるかどうかは、経験した問題解決の数よりも適切なプロセスに沿って解決したかどうかがカギとなります。ビジネスでは、うまくいったやり方を、異なるシチュエーションでも再び実現できるかという〝**再現性**〟が問題になります。再現性のある問題解決能力を持つためには、やりっぱなしにせず、問題解決のプロセスを評価する習慣を身に付けるとよいでしょう。

6 問題の種類に応じた対応

問題を整理し、計画的に解決するためのノウハウと留意点は以上の通りで、問題解決プロセスに沿った解説はここまでです。ここからは、「見える問題」「探す問題」「創る問題」の3つの問題それぞれの対応ポイントを整理しておきます。3つの問題では、解決に当たって注意するべき点が大きく異なります。

1 「見える問題」に対応する

まず「見える問題」です。見える問題に対処するポイントは、何よりもスピードと徹底です。現に目の前に問題が発生しており、被害・損害が広がる状態でしたら、迅速に対処し、二度と同じ問題が発生しないように、徹底的に問題を潰しておくことが大切です。

わかっているのに、問題を「まだ大丈夫かな」と放置しておくと、みるみるうちに被害が広がってしまうということがあります。46ページで取り上げた風評被害のように、インターネットの時代には、良いことも悪いことも伝播するスピードが違います。手遅れにならないように早期に問題を発見し、スピーディに対応します。

「ビジネスはスピードが大切」とよく言われますが、そこには大きな誤解があります。スピードというとき、われわれは物理的なスピード、手を動かす速さのことを想定しがちです。「これからのビジネスはスピードの時代だ」ということで、パソコンをブラインドタッチで早打ちしたり、書類をサーッと斜め読みする技術を高めようと努力しているビジネスパーソンが多いようです。

たしかにブラインドタッチも速読法も、身に付ければビジネスの大きな武器になるでしょう。ただ、問題が発生してから解決するまでの時間を実際に計測してみると、(問題の種類にもよりますが) 手を動かすのに費やす時間は意外とわずかです。それ以外のほとんどは「どうやって手を動かそうか」と考えている時間、たくさんの錯綜した情報・意見を前にしてあれこれと迷っている時間、関係者からの返事を待っている時間、などです。

合田さんは、SE部門と経理部門からの要望で、書庫の改装をすることになりました。バリューテックでは、本社から5分ほど離れた別のビルに書庫を借りて、SE部門や経理部門が扱う帳票類や契約書類を保管しています。各部門からは、「狭くて使いにくい」「書棚が古くて危険では」「大事な書類が探しにくい」「湿度が高く、書類の変質が激しい」など不評です。

早速、合田さんは、書庫へ出かけて実態調査をしました。スピーディに2時間くらいで調査を終えました。調査結果を受けて、関係する各部門に現在と将来の書類の量の見積もりを依頼しました。1週間以内に返事を受け取る依頼でしたが、秘書室からの返事が遅れ、2週間かかりました。

データが集まったところで、あるオフィス機器業者に新しい書庫の見積もりを依頼し、現地調査の上、1週間後に見積もりを受け取りました。しかし、規程に定められた金額を超える発注になったので、競争入札をすることになり、もう1社見積もりを依頼しました。そのためさらに2週間かかりました。

そうこうしているうちに、ある週の木曜日、管理課から「来週月曜日の幹部会に報告したいので、明日の夕方までに資料にまとめてもらえないか」と言われました。合田さんは、大慌てで深夜残業をして、何とか木曜日の深夜に企画書を整えました。

依頼を受けて動き出してから企画書を出すまで、約5週間かかりました。しかし、実態調査、依頼書・企画書の作成で実際に手を動かしたのは、正味1日ほどにすぎませんでした。

このような状況は、ビジネスでは実に多いのではないでしょうか。手足を動かすスピードをどれだけ速めても、その効果はたかが知れているのです。

スピードというときに大切なことは、1つは、**考えるスピードを高める**ことです。問題に直面して、あれこれと試行錯誤するのではなく、サッと迅速に対応できれば、問題解決のスピードが一気に高まります。

もう1つは、**一直線で最終ゴールまで進む**ことです。どれだけスピーディに手を動かし、考えても、解決に向けて進む道のりにムダがあってはいけません。回り道や、プロセスの行ったり来たりをなくすことができれば、スピードが高まります。

では、どうすれば手を動かす以外の部分で問題解決のスピードを高めることができるでしょうか。ポイントを4つ紹介しましょう。

① 全体像を確認してからスタートする

1つには、いきなり問題解決に着手するのではなく、**全体像を確認してからスタートすること**です。

見える問題は、すでに問題がわかっている状態ですから、一刻も早く解決に向けてスタートを切りたいという欲求に駆られがちです。しかし、プロセスを行ったり来たりするムダは、たいていの場合、問題の全体像を確認せず、拙速にスタートすることによって生じます。

こうしたムダをなくすには、手を動かす前に問題の全体像を見渡し、最終ゴールのイメージを立てるようにします。どういう順番でどのようにプロセスを進め、最終的にどう成果を実現するのかイメージするわけです。

とはいっても、探す問題や創る問題と違って、それほど綿密な計画を立案するべきということではありません。問題にもよりますが、時間にして5分とかでも結構ですから、着手する前に一呼吸を入れる癖をつけるとよいでしょう。

② 問題解決のパターンを確立する

2つ目には、事前に**問題解決のパターンを確立しておく**ことです。

見える問題は、過去に経験のないまったく目新しい出来事というよりは、日常業務の中で比較的よく似たパターンが繰り返し現れることが多いはずです。過去に経験した問題を研究し、パターンを整理しておくことによって、パターンにはまった場合に問題を考える時間が短縮されます。

田口さんは、電子部品メーカーで製品設計を担当しています。
得意先から試作品の受注をもらい、通常は10営業日ほどをかけて試作品の設計を仕上げます。しかし、2～3カ月に1度くらいの頻度で、「超特急で5営業日で仕上げてくれ」という特注の依頼があり、その場合は、休日なし、深夜残業をして、何とか対応していました。

そのような対応によって何とか急場を乗り越えていましたが、体力的にしんどいだけでなく、出来上がった試作品の品質も悪くなるという問題がありました。

そこで、田口さんは過去の特注について分析したところ、次のことがわかりました。特注をする得意先は携帯電話メーカーと照明機器メーカーが多い。時期は携帯電話のモデルチェンジや照明機器メーカーのカタログ変更の時期に多い。ニーズは小型化・省エネが多い。

田口さんはこれらの分析を元に、特注を4パターンに分けて、注文を受けた場合の仕事の流れやチェック項目を整理しました。このパターン化によって、以後、田口さんは特注時にも迷いなく作業を進めることができ、特注対応が大幅に効率化しました。

この例のように、問題のパターンを認識し、「パターンAなら解決策X」「パターンBなら解決策Y」という具合に解決策まで決めておくと、考える時間が短縮し、仕事のQCDがレベルアップするはずです。

③　8割で完成とする

3つ目には、高い完成度を求めず、**8割で完成とみなす**ことです。見える問題に対処する上で重要なのは、進行中の被害・損害を食い止め、完璧な解決でなくても、とりあえず「だいたい解決したかな」「最低限これでOK」という状態にたどり着くことです。完璧ですが出てくるのに時間が掛かる解決策よりも、多少雑でも素早く解決することが大切です。

そのためには、100%解決したという状態を求めず、8割の完成度でよいから、概ね考えがまとまったら、とにかく一歩踏み出すことです。

日本人はまじめなので、完成していない状況で思考・作業を打ち切るというのは、不安に思われるかもしれません。ただ、見える問題に関しては、8割方できていれば、「完成度が低い」と言われることはほとんどないでしょう。8割方考えと作業がまとまったところで見切りをつけることができるようになると、途端に仕事の能率が上がります。

④　他人をうまく使う

最後に4つ目には、**他人をうまく使う**ことです。

個人の能力と使える時間には限界がありますから、どれだけ必死にがんばっても、一人の人間が短時間にできることは限られます。ところが、うまく他人に手伝ってもらうことができれば、自分一人で格闘するよりもはるかにスピーディに仕事が進みます。

一日は24時間、一年は365日と決まっていますが、自分と同じ能力を持つ他人を一人使うことができれば一日が48時間、一年が730日になるわけです。2人、3人と協力者が増えると、もっと大きな仕事を手早くこなすことができます。自分より能力が高い人間に協力してもらえれば、自分の能力では解決できない問題も解決できるようになります。

必要なときに他人に協力してもらうためには、どうすればよいでしょうか。困った場面で自然に協力者が現れる人もいれば、逆に窮地になると周囲の人が離れていってしまうという人もいます。「人徳」と言ってしまえばそれまでですが、前者と後者では、困ったとき以外の平常時の他人との接し方が違っています。

困った場面で自然に協力者が現れる人は、常日頃から、周囲の人と積極的に交わっています。交わりを通して、自分がどういう人間で、どういう仕事をしているのかを理解してもらっていますから、困ったときにはすぐにそれが伝わります。また、周囲の人が困っていると、可能な限り問題解決に協力します。そうすると、逆に自分が困っていると助けてもらえます。言い古された言葉ですが、「ギブ・アンド・テーク」は大切な考え方です。

2 「探す問題」に対応する

次に、「探す問題」への対応です。第3章と第4章では、探す問題への対応を中心に解説してきましたので、各章のポイントに留意してください。一点だけあらためて強調したいことは、探す問題への対応では、探究心が何より重要だということです。

先ほど見える問題では、8割で完成とする見切りが大切だと説明しました。逆に探す問題は、何が問題・原因なのかわからないわけですから、あっさりあきらめてはいけません。「まだ他に問題はないのか？」「原因の、さらにまた原因は何なの？」と考えをめぐらす粘り強い探究心が必要になります。

探究心を高めるための秘策は、残念ながらありません。子供の頃から探究心が旺盛という人もなかにはいますが、そうではない人も多いことでしょう。学生時代は探究心が旺盛だったのに、会社に入ったら忙しさに流されて探究心を失ってしまった、という方もいるかもしれません。

逆に、仕事の経験を積むうちに、だんだんと仕事が面白くなって、年とともに探究心が増してきたという人もいます。そういう人は、日頃から「なぜ？」という素朴な疑問を大切にし、問題解決の成果を実現する積み重ねを通して徐々に高めているのだと思います。仕事では、「わが社は整理解雇を実施するようだけど、整理解雇の条件って何だっけ」など、何かしら疑問に思うことがあります。そのようなときには疑問を放置せず、ウィキペディアやグーグルなどで、ちょっと調べるかどうかで、長い目で見て大きな差がつくことでしょう。

また、個人として探究心を持つことはもちろん大切ですが、組織としての探究心も重要です。その点、〝**学習する組織（Learning Organization）**〟の考え方が参考になります。学習する組織とは、組織的に行われる学習プロセスに着目し、メンバーが与えられた課題に対処するだけでなく、状況に対応して、自分たちが持っている課題に対する前提や仮説を修正していく学習のことを言います。トヨタでは「なぜを5回繰り返せ」と言われるように、優れた企業は常に問題を探し出し、しつこく改善していく組織風土があります。

とくに組織の中心に立つリーダーは、自分自身の問題解決もさることながら、組織全体が問題解決型の風土になるように、メンバーに働きかけることが期待されます。たとえば、「この問題、ちゃんとやっといてよ」と指示を出すのでなく、「どういう問題があるのか、少し考えてみよう」と、考えさせるようなコミュニケーションをとるとよいでしょう。

3 「創る問題」に対応する

最後に、「創る問題」への対応です。創る問題に対処する上でやっかいなのは、大切なことだと頭ではわかっていても、なかなか問題解決に着手できず、先送りしてしまうことです。

創る問題は、現在起こっているわけではありませんが、高い理想を実現するために設定する挑戦的な目標です。まだ実際にとくに困っているわけではありませんし、現状から飛躍した困難な目標ですから、どうしても日々の雑務に流されて、後回しになってしまいます。いつまでたっても「できればやりたいこと」という位置づけであって、なかなか「どうしてもやりたいこと」にはなりません。

したがって、創る問題に対応するには、**とにかくまずスタートを切って、実現に向けて歩み続けること**が大切です。大きな、困難な目標であっても、ひとたびスタートを切れば意外と道は開けるものです。

私事ですが、このようなビジネス書を執筆するとき、何をどういう風に書こうかとあれこれ悩みますが、考えるのを止めてエイッと書き始めると、意外に筆が進んでいきます。書きやすい場所から適当に書き始めても、パソコンでは後で編集すればよいわけです。ビジネスでの創る問題もまったく同じで、「どうやってやろうか……」とあれこれ悩み、完璧な準備をしようとすると、なかなかスタートが切れません。できるところからまずスタートします。

もちろん、スタートを切りさえすれば万事ＯＫというわけではありません。遠大な目標の実現に向けて着実に努力を続けることができる強固な意志の持ち主は、それほど多くありません。意志が弱い人でも努力を続けられるように、問題解決をやさしくしたり、問題解決を強制する仕組みを作ったりするとよいでしょう。

スタートを切りやすくするため、努力を続けやすくするためには、具体的には、以下のような対策が考えられます。

①　目標のブレークダウン

まず、**大きな目標を複数の小さな目標にブレークダウンする**ことです。

たとえば、生命保険会社で、100人いる営業部隊の中で営業成績が80番目の営業担当者が、いきなり「２年以内に営業成績でトップになる」という目標を立てても、大きな目標の前に立ちすくんでしまい、「よしやるぞ」という具合にはなりません。

ところが、営業活動と自分の特徴を分析して、「Ａ地区のお客様の満足度を20％上げる」「新商品のキャンペーンで、部内最多の顧客訪問を実施する」といった具体的な行動レベルを複数目標として立てると、一つひとつの目標の実現性が高まり、具体的に何をするべきかがわかります。目標達成に向けて動機づけられ、達成可能性が高まるのです。

② 立てた目標を公表する

目標を明確に意識するほど、目標が実現する可能性が増します。なぜなら、その目標に向かって神経が研ぎ澄まされ、エネルギーが集中されるので、情報・人間関係などすべてが目標達成に向けて方向付けられるからです。たとえば、何気なく新聞を読んでいても、目標を持っていると、目標と関連するニュースが自然に飛び込んできます。何気ない会話の中でも、関連する話題にはピピッと反応するようになります。

目標を意識するには、否応なしに意識するような状況に自分を追い込みます。**ただ目標を作るだけでなく、それを周囲の人に公表する**とよいでしょう。上司・同僚・友人・家族などです。ホームページやブログなどを使えば、たくさんの人に簡単に公表できます。

目標を公表しておくと、それを覚えてくれている人はいるもので、「そういえば去年、中小企業診断士の資格を取るって言っていたよね」などと、言ってくれます。他人に言われると、目標を明確に意識せざるを得ません。

コンサルタントの大前研一氏は、毎年、年賀状に、この一年で「こういうことをする！」と目標を書いているそうです。しかも、本職とは関係ない今までにやったことのない趣味のことなどを目標に掲げて、必ず実現しているそうです。さすがです。

日本人の感性では、自分の目標をおおっぴらに他人に話すなどということは、恥ずかしいかもしれません。ただ、効果は絶大ですから、ぜひ思い切って試してみてください。

③ 予定を入れてしまう

目標に向けて行動を強制するために、無理やりにでも**行動予定を入れてしまう**こともよいでしょう。ビジネスパーソンの方なら、たいてい手帳を使ってスケジュール管理をしているでしょうから、創る問題に取り組むための具体的な取り組み、行動予定を手帳に書き込んでいきます。できれば、実際に関係者とアポイントメントを取ってしまって、強制力の高い予定にするとよいでしょう。

たとえば、衣類小売業で店舗業態開発に携わっている担当者が、エコロジーの発想を取り入れた新業態店舗を開発しようという場合、まずエコロジーの考え方・潮流を理解する必要があります。そこで、エコロジーについて専門家の講演を聞いたり、エコロジーで先進的な取り組みをしている企業にインタビューしたりします。ここで、ただエコロジーの概要について知るだけなら本を読んだりすれば十分かもしれませんが、講演・インタビューという具体的な予定を入れてしまうわけです。

目標を立てるだけではすぐに忘れてしまいがちですし、「ネットで調べればいいや」と思ってしまうと、パソコンは身近にありいつでも使えるので、逆になかなか着手できません。ところが、具体的なインタビューの予定が入っていると、無視できなくなります。その予定をいやいやながらでもこなしていくうちに、だんだんと目標達成に向けて行動が方向づけられていくはずです。

〔第4章〕 試してみよう

■第3章で形成した職場の問題を1つ取り上げて、整理・解決するところまで実践してみましょう。

●まず、原因分析です。問題の原因を漏れなく、深く探ります。複雑な問題で、原因がたくさんある場合、Whyツリーで整理し、その中から真因を見極めます。

●真因に対して、解決策を立案します。ブレーン・ストーミングを活用するなどして、幅広く解決策をアイデア出しします。たくさん解決策がある場合はHowツリーで整理します。

●たくさんの解決策から選定基準を明らかにして、実行策を決めます。以上の事柄を「問題解決ワークシート⑤《問題整理》」に整理してください。

●さらに、解決の実行に向けて計画を具体化します。承認を得る必要がある場合などは、「問題解決ワークシート⑥《実行計画書》」（172ページ）のように整理するとよいでしょう。

問題解決ワークシート⑤《問題整理》

問題の内容	
原　因	
解決策の選択肢	
選択基準	
解 決 策	

問題解決ワークシート⑥《実行計画書》

承認日：
起案日：

承認	起案者

実 行 計 画 書

計画名	
内容	
理由・効果	
具体策	
スケジュール	
推進体制・担当	
予算措置	

第4章のまとめ

❶ 問題解決プロセスの後半をロジカルかつ計画的に進めることが重要です。
❷ まず問題の論点を、明確なクライテリアによってMECEを意識して整理します。
❸ 問題と原因の関係（因果関係）を明らかにし、Whyツリーに整理します。Whyツリーの作成では、MECEと右側への掘り下げが重要です。
❹ 解決課題に対して発散的に解決策を考え、それをHowツリーに整理します。決定基準を明らかにして、どの解決策で進めるかを一義的に決めます。
❺ 解決策の実行計画を具体化して、環境とリソースを整えて解決に取り組みます。集中的に実行して、結果を評価して次の問題解決に繋げます。
❻「見える問題」では、スピードと徹底が重要です。スピードを高めるには、物理的なスピードよりも、考えるスピードを高めることや、プロセスの行ったり来たりをなくすことを考えます。
❼「探す問題」では、個人と組織の両面で探究心を高めるようにします。
❽「創る問題」では、先送りを防ぐことが大切です。目標のブレークダウンや公表など、問題解決をしやすくし、解決を強制する仕組みづくりを考えます。

第5章

問題解決の7つの能力・7つのマインド

問題解決で優れた成果を実現するには、
問題解決プロセスや技法を知るだけでなく、
実効性を高めるための能力と
姿勢（マインド）が必要です。
本章では、問題解決力の「7つの能力」と
「7つのマインド」について、
どのように高めていくのか、
考えていきましょう。

1 問題解決の「7つの能力」

前章まで紹介した通り、問題解決ではプロセスに沿って計画的に進めることが重要です。ただ、プロセスにしたがって粛々と問題解決を行えば誰でも大きな成果を実現できる、というわけではありません。一見同じような環境で、同じようなやり方で問題解決に取り組んでいても、個人あるいは組織によって結果に大きな差が出ます。

その差は何によって生まれるのでしょうか。1つは個人・組織が持つ問題解決の「能力」、もう1つは問題解決の「姿勢・マインド」です。

本節では、問題解決にあたって、身に付けておきたい「7つの能力」について説明していきます。

1 感知力

最初の問題解決能力の構成要素は、**感知力**です。問題とは、現状とあるべき姿の乖離ですから、適切な問題を発見するには、個人・組織の内外の現状を的確に捉える力が必要です。組織や自分自身の内外の情報を的確に収集し、問題解決に生かしていく力が感知力です。

現代はインターネットの時代、ネット上で多くの情報が入手できます。では、ネットが使えれば何も問題ないかというと、まったくそうではありません。

まず、インターネットはあまりにも情報量が膨大で信憑性に欠けるものも多く、何らかのテーマ・仮説を形成して、ピンポイントで検索する**仮説形成力**、集めた情報から問題解決に結びつくものを選び出す**選別力**が必要になります。

また、インターネットは誰でも入手できる情報ですから、問題解決の必要条件にしかなりません。問題解決で決め手になるのは、インターネット以外の生の情報でしょう。やはり物事を判断する上で、自分の目で、しかと確かめた現場の情報に勝るものはありません。

お客様が自社の製品・サービスをどのように利用しているのかを調べます。メーカーなら生産現場で何が起こっているのかを見て回ります。流通なら売り場で何が起こっているのかを調べます。インターネットの時代になるほど、ネット上にある情報では意味がなくなり、こういった生の情報を収集する**現場力**がものを言います。

こうした感知力を高めるためには、日頃から多方面にアンテナを張って情報収集に努めること、現場との接点を持つ行動が必要になってきます。また、個人が単独で情報を集めるよりも、グループで実施した方がいろいろな情報・視点が得られて有効ですから、職場の同僚や社外の仲間と情報交換会を持つとよいでしょう。

②整理力

問題解決の2つ目の能力は**整理力**です。問題解決では、たくさんの情報をインプットし、持っている知識と組み合わせて、解決策を作り出します。その過程で、たくさんの情報を的確に整理し、意味合いを見つけ出す力、整理力がものを言います。

第3章でも解説しましたが、こうした整理力のカギとなるのは、クライテリア、MECE、ディメンジョンという3つの概念です。まず、ただ情報を集める、ただ発散的にアイデアを出すだけでなく、それをグルーピングします。グルーピングでは、問題に合った適切なクライテリアを使って、MECEを意識して整理することが大切です。また、ディメンジョンを意識して、適切な階層構造を作り出します。

こうした整理力を一足飛びに高める秘策はありません。とはいっても持って生まれた能力ですべてが決まるというわけでもありません。整理力はテクニックにすぎませんから、慣れてくれば着実にレベルアップします。情報を整理することを意識して、整理力が要求される複雑な問題解決に積極的に取り組むようにするとよいでしょう。

3 プロセス力

複雑な問題を一足飛びに解決することはできませんから、プロセスを踏んで解決する必要があります。適切なプロセスを構築し、管理する**プロセス力**が欠かせません。

適切なプロセスを構築するには、第2章で解説したプロセスを理解するだけでなく、問題の先を読む力、**先読み力**が必要になってきます。問題がどう展開しており、それに対してどういう解決策を立案し、最終的にどういう状態へと進んでいくのか、という先の先まで読み通すわけです。

もちろん、複雑な問題になると、初期段階で先の先まで正確に読み通すことは困難です。したがって、起こりそうないくつかのシナリオを用意することでよいでしょう。先読み力とは、占い師のように未来を予言することではなく、考えうるいくつかのシナリオを想定することです。一般に、標準シナリオだけでなく、楽観シナリオと悲観シナリオという3つのシナリオを想定しておくと、プロセス管理の柔軟性が高まります。

成果を実現するには、シナリオを予測するだけでなく、シナリオに基づいてプロセスを管理し、確実に成果を実現する**コントロール力**が必要です。計画通りに進んでいるかどうか、時機を逃さず、こまめに進捗確認をします。とはいっても、やはり進捗確認は面倒ですし、ついうっかり忘れてしまうことも多いでしょう。そのような間違いを防ぐには、手帳や管理ツールを使って、進捗確認を強制する仕組みを作っておくとよいでしょう。

4 創造力

過去に経験のない複雑な問題を解決するには、ありきたりの解決策ではいけません。独創的な解決策を生み出す**創造力**が要求されます。

日常のビジネスでは、「新製品の売れ行きが悪い」という問題に対し「じゃあ値引きをしようか」といった陳腐な解決策に終始しがちです。それでも繰り返される問題の対処では結構でしょうが、過去に経験のない困難な問題については、ゼロベースで解決策を創造する必要があります。

ビジネスにおいて創造力が重要であることは、いろいろな人が指摘しています。しかし、創造力を高めるのはなかなか困難なことです。私たちの日常業務はオペレーションを手順どおりに処理することが中心で、仕事の中ではあまり創造力は養われません。創造力を高めるよう、仕事の中で積極的に使うことを意識しないと、この能力はすぐにさびついてしまいます。

創造とは、外部の情報や自分の持っている知識を融合させ、何らかの新しい価値ある組み合わせを作り出す作業です。イノベーションによる創造的破壊が経済発展に果たす役割を説いた経済学者シュンペーターも、イノベーションの本質を「経営資源の新しい結合」と表現しています。

こうした創造の本質からすると、創造力を高めるには、異質な考えを持つ人と接して、問題について議論する場を作ることが効果的です。就業後に赤提灯で議論することでも、もちろん結構です。ただ、毎日接している同僚が相手では、なかなかよい刺激になりません。社内なら他部門の人、あるいは社外の人と議論する場を持つとよいでしょう。また、仕事に関連した本よりも、文学、歴史、紀行といった分野の違った本を読むようにします。

5 決断力

簡単な問題なら、解決策は1つないし少数ですから、あれこれと迷う余地はないでしょう。しかし、複雑な問題ではさまざまな解決策が考えられるので、どれにすべきか悩みます。最終的にいずれかの解決策を選ぶには、あいまいな状況でも決然と判断する力、**決断力**が必要になります。

世の中には、問題がどうなっているのか分析・評価するのは得意だけれど、どうするか、なかなか決め切れない人がいます。逆に緻密に分析するのは苦手だけど、思いっきりよく決めることができる人がいます。もちろん、優れた問題解決をするには、分析も決断も重要です。決断力は、持って生まれた資質的な部分が大きいですが、鍛える方法はあります。

1つは、何か混沌とした状況に直面するたびに「**So what?（それがどうした）**」と自問し、決定の状況を明らかにすることです。

たとえば、「顧客のA社から値引き要請を受けたが、当社の損益を考えると値引きに応じるのは厳しい状況だが、A社とは長年の付き合いでもあり、他社も値引きをしている状況で、とはいえ、安易な値引きは他の取引先にも波及するので……」という説明を聞いたら、「それがどうした？」「結局どうしたいんだ？」と自問して、決定の論点と構造を明らかにするようにします。

もう1つは、実際に決断の場面を経験することです。たくさん場数を踏むと、決断することへの抵抗感が少なくなります。ただ、ビジネスで、そうそう重大な決断を任せられることはないでしょう。実際に経験する以外で決断力を高めるには、**if（イフ、もしも）を考える癖をつけるようにします。**

たとえば、東芝は２００８年春に次世代ＤＶＤの規格競争でソニーのブルーレイに敗れましたが、２００９年夏にブルーレイの製造に参入することを決めました。こういうニュースを見て「そうか、東芝もなかなかたいへんだな……」と傍観して終わるのではなく、「なぜ東芝はそういう決定をしたのか？」と分析し、さらに「もし私が社長ならこうする！」「もし私の決定を実施したら東芝のＤＶＤビジネスはこうなるだろう」と考えるわけです。

⑥ ネットワーク力

６つ目の能力は**ネットワーク力**、他人と適切な関係を作り、問題解決に他人を活用する能力です。自分一人の力では、大きな問題、複雑な問題を解決することはできません。いろいろな人から適時・適切な協力を得られるかどうかが、問題解決の効率と効果を決めます。問題解決の達人は、良い人的ネットワークを持ち、問題解決に役立てています。

人的ネットワークは、出身校やこれまでの職歴によって決まってくる部分が大きいのは当然ですが、それだけでなく、自分からネットワークを拡充するよう積極的に働きかけるとよいでしょう。

人的ネットワークを拡充するために異業種交流会などにマメに顔を出して、せっせと名刺交換をしている人がいますが、ただ名刺が増えるだけ、ただ仲のよい飲み友だちが増えるだけではダメです。人的ネットワークは、いつでも活用できるアクティブな状態でなければいけません。

濃密なネットワークを作るには、**他人に対して働きかけて、影響力を行使する**ことです。ここでいう働きかけ、影響力とは、有用な情報を提供する、仕事を手伝ってあげる、相談に乗ってあげる、といった他人に対してメリットとなるような行動です。こういった日頃からの心がけと行動によって、ネットワークが活性化し、問題解決に役立つのです。

7 コミュニケーション力

最後の7つ目は、**コミュニケーション力**です。たいていの問題解決、とくに複雑な問題解決は、他者とコミュニケーションをとりながら、共同作業によって進めます。したがって、とくに職場のチームで行う問題解決では、コミュニケーション力が決め手になります。

コミュニケーション力は、引き出す力、読み取る力、伝達力に大きく分けることできます。

コミュニケーションは情報の相互交流ですから、自分の考えを伝えようとする前に、相手から情報を引き出す必要があります。相手から幅広い情報、新しい視点、本音を引き出すのが**引**

き出す力です。有効な情報を引き出していくには、的確なタイミングでポイントを押さえた質問を投げかける**質問力**がカギになります。

読み取る力は、相手の発言からメッセージ（意味合い）を正しく読み取る能力です。相手の発言を文字通りに理解するだけでなく、全体として相手が言いたいことは何なのか、裏の意味、違った意味があるのか、といった踏み込んだ理解が必要になります。

引き出して、読み取ったら、自分のメッセージを相手に伝えます。相手が理解し、共感してもらえるような**伝達力**が要求されます。相手にとってわかりやすく伝えるには、先ほどの整理力を駆使して自分のメッセージをわかりやすく構成するのが何より重要です。

ただ、それだけではなく、表現力や演出力も必要です。**表現力**は、相手が理解しやすく、しかもこちらの熱意が伝わるような、明瞭な言語や資料を使う能力です。基本的な国語力ももちろん大切ですが、最近はわかりやすい図解作成・活用能力が注目されています。

演出力は、相手の関心度合い、立場、知識レベルなどを勘案して、ベストの場・チャネル・タイミングを選択・設定する能力です。協力者が「よしやるぞ！」と前向きになれるようなベストの場・チャネル・タイミングを選びます。

演出力の本質は、相手の立場・気持ちをどこまで思いやることができるか、ということです。私たちはついつい、自分の都合、関心を優先し、相手の事情をお構いなしに、とにかく伝えて相手を説得しようとしがちです。しかし、信頼・共感がない状況では、どれだけ説得しようとしても、聞く耳を持ってもらえません。

では、信頼・共感は何によって生まれるのでしょうか。これまでの実績、人間性、地位など、いろいろな要因がありますが、ここで強調しておきたいのは、**まずこちらが相手のことを認めて、相手に対しこちらから信頼する**ということです。信頼とは相互関係であり、人間は自分のことを信頼してくれる人を信頼する、という単純な原理がありますから、相手から信頼を得ようとする前に、まず相手を信頼することです。

コミュニケーションは実践での活動ですから、コミュニケーション能力を高めるには、やはりコミュニケーションをたくさん経験することが大切です。近年は、人員削減の影響でコミュニケーションが希薄になっている職場が多いようですが、努めてコミュニケーションの場を持ちます。

ただ、むやみに場数を踏めばよいというわけではありません。コミュニケーションを実践する前に「相手は新任の担当者だから、顧客に対する基本的な情報がまずほしいに違いない」といった仮説を持つようにします。

2 問題解決の「7つのマインド」

問題解決にあたって身に付けておきたいもう1つは、「姿勢・マインド」でした。本節では「7つのマインド」について順次、説明していきましょう。

1 問題解決の達人に学ぶ

問題解決の達人には、共通する独特の姿勢、あるいは〝マインド〟のようなものがあります。つまり最初のポイントとしては、**他人から謙虚に学ぶ、とくに達人に学ぶ**という姿勢です。

問題解決能力の高い人、自己成長する人は、生まれつき素質があるという人もいますが、たいていは他人から学んで、徐々に能力を伸ばしていきます。性格的に謙虚で、自分の考え・やり方に必要以上には固執しません。良いものであれば、メンバー、後輩からでも、外部スタッフからでも、柔軟に、他人の考え・やり方を取り入れます。

問題解決能力を高めるには、実際に問題解決を経験することが重要です。しかし、自分が体験できる問題には限度と偏りがあります。自分では体験できないことは、謙虚に体験したことのある他人から学ぶべきなのです。

もちろん、他人だったら誰でもよいというわけではありません。経営者がよくビジネス書や偉大な経営者の自伝を読むように、せっかくなら、その道のプロと言われる人の方がよいでしょう。

② 継続的に学習する

2つ目のポイントは、**継続的に学習する**姿勢です。問題解決の達人は、ほぼ例外なく学習熱心です。ビジネスで利用される知識・技術は日進月歩ですから、どれだけポテンシャルが高い人でも、学習を怠ると変化に取り残されてしまいます。「彼は天才だ」という一言で済ませられることが多い達人も、実は毎日、着実に学習しています。

ユニクロを展開するファーストリテイリングの柳井正会長兼社長は、あれだけの大経営者でありながら、今でも就業後は宴席など夜の誘いを断って、毎日1冊本を読んでいるそうです。ただ本を読むだけでなく、読んで得られた着想を早速自社の経営で試してみるそうです。

ここでいう勉強・学習とは、必ずしも資格取得のために勉強するというようなカチッとしたものである必要はありません。たとえば、通勤電車の中で10分ビジネス書を読むことでも結構ですし、インターネットで仕事関連のテーマについて調べることでもよいでしょう。

大切なのは、少しずつでも学習を継続することです。あるテーマを決めて毎日学習を続けることによって、そのテーマについて頭のスイッチがオンの状態になります。オンの状態であれば、頭のアンテナがいつでも機能して、テーマに関連するいろいろな情報が集まるようになります。また、断片的だった情報が頭の中で有機的に結合し、深い理解と斬新なアイデアが得られるようになります。

3 偶然を受け入れる

3つ目のポイントは、**偶然を柔軟に受け入れる**ことです。人は学習と経験を通して成長しますから、良い学習をし、良い経験を積むために、計画を立てて着実に歩みを進めることが大切です。とくに学習は、受験勉強を思い出していただければ想像できるように、行き当たりばったりよりも、計画を立てて進める方が学習効果が高まります。

これに対して経験の方は、予定・計画しても、なかなか思い通りにはいきません。来週1週間で誰に出会うのか、どういう仕事をするのか、という近未来のことでも、正確には予想できません。

では、計画的でないから得るものが少ないかというと、そうではありません。経験についてはまったく逆で、計画外のことから学ぶことが多いのではないでしょうか。たまたま出会った人から教えられたり、自分では失敗だと思ったことを振り返ってみたら意外なヒントが見つかったり、ということがよくあります。旅行で予想外のハプニングがある方が後々まで印象に残るのと同じです。

誰しも偶然や失敗を生かせるわけではありません。たいていは「ああ、いつもと違う体験をしたな」と感じて終わってしまいます。偶然を偶然で終わらせないためには、偶然を歓迎し、偶然から学んでいこうという積極的なマインドが必要なのです。

4 関心の幅を広げる

4つ目のポイントは、**関心の幅を広げる**ことです。問題解決の達人は、例外なく関心の幅が広く、会ってお話しすると、いろいろ興味深い話題が飛び出してきます。そして、単に好奇心が強いというだけでなく、問題を多角的な視点から考えて、創造的な解決に役立てています。

関心の幅を広げるには、いろいろなタイプの情報に接するようにします。分野としては政治・経済・社会・企業経営・文芸など、チャネルではテレビ・インターネット・雑誌・講演など変えてみます。とくに人間が一番の情報源ですから、いろいろな人と話をする機会を持つとよいでしょう。

そのとき、意識的に自分とは異なる考え方、経験、スキルを持った人と交流するようにします。私たちは、どうしても気心が知れた特定の仲間と過ごしがちですが、自分とよく似た相手よりも、異質な相手と接する方が、大きな刺激を受けます。たとえば、メーカーで生産技術を担当する人が流通業で売り場を管理する人の話を聴くと、顧客目線の新しい視点が得られるでしょう。

5 持論を形成する

5つ目のポイントは、**自分なりの意見、持論を形成する**ことです。問題解決の達人は、問題意識が高い人です。問題意識が高い人は、現状に満足せず、少し先の将来を見据えて高い理想を追求しています。そういう達人は、現状・将来に対して「かくあるべし」という自分なりの意見、持論を明確に形成しています。

ことあるごとに世の中や所属組織のことを批判する不満分子になってもいけませんが、問題意識を高めるには、批判的に物事を見る癖をつけるとよいでしょう。たとえば、新聞を読むとき、テレビのニュースを見るとき、ボーッと見聞きするのでなく、「今の政治のここがいけない」「私なら、こう考える」と具体的に考えながら見聞きします。

さらに、形成した持論を他人に伝えるようにします。持論への他人の反応を知ることで、自分の問題意識について自覚することができ、問題意識が磨かれます。

私は、世の中や企業経営について考えた持論を整理して、毎週欠かさずホームページを更新しています。ホームページやブログに公表すると、思わぬ人から意見を頂戴することがあり、大いに刺激を受けます。周りの人に伝えるだけも効果があるでしょう。

6 良い目標を持つ

6つ目は、**良い目標を持つ**ことです。問題解決の達人は、仕事や私生活における難問を次々に解決することによって、社会的・経済的に人生の成功者となります。

成功者の条件について本格的に研究したのがナポレオン・ヒルです。鉄鋼王アンドリュー・カーネギーの依頼を受けてアメリカの成功者・大富豪を研究したヒルは、成功の条件として「目標を立て、綿密な行動計画を作り、揺るぎない信念を持って忍耐強く取り組むことである」

（『思考は現実化する』ナポレオン・ヒル著）と述べています。

当たり前のことを言っているように思われるかもしれませんが、ヒルがまず強調しているのは、目標を持つことの大切さです。目標のない人生は、海図を持たない航海のようなもので、さまよった挙句、最終的にどこに向かっていくのかわかりません。とくにビジネスでは、最終的に組織として利益を上げて成長することが期待されますから、何の目標もなしにとにかく頑張るというだけではいけません。

逆に、明確な目標があると、目標達成に向けて全エネルギーが方向付けられます。新聞を読んでいても、友人と話をしていても、自然と目標に関係した情報収集・考察ができるようになります。あまり考えていないようで、実は無意識に目標について考えているのです。当然、目標に対するインプットが増えますから、成功確率は高まります。

明確な目標を立てるとともに、常日頃から目標を意識するように、紙に書くとよいでしょう。ヒルも、頭の中で考えるだけでなく、書くことを勧めています。書くという行為によって、目標がはっきり認識され、潜在意識に刷り込まれます。たとえば、毎日使うビジネス手帳に書き込んでおくと、おりに触れて目に触れるので効果的でしょう。

7 日々振り返る

最後に7番目のポイントは、**経験したこと、一日に起きたことを日々振り返る**ということです。人間は学習と経験によって成長しますが、経験においては、日々の経験を経験しっぱなしで終わらせてしまうか、今後に生かせるかが重要になります。今後に生かそうと思ったら、成功したことも失敗したことも、その日のうちに振り返ることによって自分のものになります。

私は、担当した研修や講義の最後に、**「もう半歩の努力」**というメッセージを受講者にお伝えします。ここでいう「もう半歩の努力」とは、毎晩10時まで頑張っている方に「もう30分余計に残業しろ」というのではありません。一日の終わりにホンの少しでも、たとえばパソコンの電源を落として、書類を片付けた後のホンの5分間でも、自分がその日に経験したことを振り返り、抽象化・相対化してほしいということです。

私たちは仕事をしていて、いろいろなことを経験します。良い仕事をして、同僚やお客様に喜んでもらえることもあれば、ミスをしたり、思うような成果が出せずに、周りに迷惑をかけてしまうこともあります。

大切なのは、経験をした後です。「やれやれ一日無事に終わったな」「あ～あ！今日は運が悪かった」とビールを飲んでそのまま寝てしまうようでは、せっかく経験したことが無駄になってしまいます。一方、一日に経験したことを振り返り、「会社全体や自分のキャリアにどういう意味があるのか?」「理論・原理原則に則った正しいやり方だったか?」「他社だったらどういうやり方をしただろう?」と考える人は、体験したことが将来に生きてきます。

血の滲む超人的な努力が必要だと言っているわけではありません。前者と後者では、時間にすると5分くらいの違いです。しかし、この5分を習慣化している人と、そうでない人では、長い目で見てビジネスパーソンとして大きな差がつくのです。

問題解決ワークシート⑦《7つの能力》

	自己評価	目標・啓発課題
感　知　力		
整　理　力		
プロセス力		
創　造　力		
決　断　力		
ネットワーク力		
コミュニケーション力		

問題解決ワークシート⑧《7つのマインド》

	自己評価	目標・啓発課題
問題解決の達人に学ぶ		
継続的に学習する		
偶然を受け入れる		
関心の幅を広げる		
持論を形成する		
良い目標を持つ		
日々振り返る		

第5章のまとめ

❶ 問題解決の効果を高めるには、次の7つの能力を高める。

①組織や自分自身の内外の情報を的確に収集し、問題解決に生かしていく「感知力」
②たくさんの情報を的確に整理し、意味合いを見つけ出す「整理力」
③適切な問題解決プロセスを構築し、管理する「プロセス力」
④独創的な解決策を生み出す「創造力」
⑤あいまいな状況でも決然と判断する「決断力」
⑥他人と適切な関係を作り、問題解決に他人を活用する「ネットワーク力」
⑦相手から情報を引き出し、読み取り、伝達する「コミュニケーション力」

❷ さらに、7つのマインド・姿勢を心がける。

①他人から謙虚に学ぶ、とくに達人に学ぶという姿勢
②継続的に学習する姿勢
③偶然を柔軟に受け入れる姿勢
④関心の幅を広げる姿勢
⑤自分なりの意見、持論を形成する姿勢
⑥良い目標を持つ姿勢
⑦日々振り返る姿勢

おわりに

私はコンサルタントとして、いろいろな企業で問題解決のお手伝いをさせていただいています。問題解決に絶対の方法はありませんし、取り組む問題も千差万別ですから、どうすれば解決できるのか、日々、企業の皆さんと一緒に考えています。考えるというよりも、苦闘しているという方が実態に合っているかもしれません。

最近は外資系のコンサルティング会社が就職先として人気のようです。コンサルタントというと、最新の経営理論・技法を引っさげて颯爽と企業に現れ、魔法使いのように企業の問題を解決する姿を想像されるかもしれません。しかし、それは誤解であり、過大な期待です。

苦闘の末に解決に至ればよい方で、満足な解決には達しないこともたびたびあります。容易に想像できる通り、その道のプロである経営者が何年も悩んだ末に解決できなかった問題を、パッと現れた外部のコンサルタントが解決することは、簡単なことではありません。私に限らないと思いますが、コンサルティングの成功確率は、それほど高いわけではありません。

そう言ってしまうと、「なんだ、ここまでいろいろと偉そうに語っておいて……」とお叱りを受けるかもしれません。しかし、実態は実態です。よく「これまでお客様の問題を100％解決してきた」と自慢するコンサルタントがいますが、そういう方は、まだコンサルティングの経験が浅くて、確実に成果の出せる簡単な案件しか受けていないか、ウソをついているか、いずれかでしょう。

ただ、私がコンサルタントとして自信を持っていることがあります。それは、これまでお付き合いいただいた企業の経営者・従業員、広く組織に対し、問題について考える姿勢・マインドを身に付けていただくことには、かなり成功してきたことです。成功したプロジェクトはもちろん、そこまで及ばなかったプロジェクトでも、「日沖さんと問題解決に取り組んだことを通して、経営の問題を考える視点と姿勢が身に付きました。今後は、私たちの手で問題解決に取り組んでいけそうです」と言っていただくことがあります。

一般にコンサルタントは、いつまでも企業にべったり張り付いているわけではありません（そういうコンサルタントもいますが……）。コンサルタントが問題解決をお手伝いし、素晴らしい経営改善の効果を実現したとしても、コンサルタントがいなくなったらすぐに効果がなくなり、元の木阿弥になってしまうようではいけません。コンサルタントは、ただ依頼された問題を解決するだけでなく、企業の経営者・従業員に対して問題解決のマインドとプロセス・技法を伝授する役割があると思うのです。

私は、中小企業大学校の中小企業診断士養成課程やその課程を指導するインストラクターの養成研修で、経営コンサルタントの卵やインストラクターにコンサルティングの進め方を教えています。その中で「コンサルティングの究極の目的は、コンサルティングをなくすことである」と述べています。コンサルティングを通して企業が問題解決のマインドと技法を身に付け、コンサルタントなしでも自立的に経営できる状態が理想です。何か問題があるたびにコンサルタントにお声がかかるのは、商売的にはありがたい反面、コンサルタントの究極の役割を考えるとき、好ましいことではありません。

本書は、ビジネスにおける問題解決について、プロセス、思考法、技法、能力、心構えを多面的に考えてきました。ビジネス書というスタイルをとっていますが、私の気持ちは、コンサルティングをするときとまったく同じです。読者の皆さんが問題解決のマインドと技法を深く理解し、自分の力で考え、自分なりに問題解決を実践できる状態になっていただければと願って、パソコンの画面を読者の皆さんと見立てて、語りかけながら筆を進めてきました。

その思いが伝わり、学習効果があれば、著者として幸いです。

最後に、本書の出版にあたり、産業能率大学出版部の栽原敏郎氏、田中秀章氏、福岡達士氏にたいへんお世話になりました。記して感謝申し上げます。

2010年1月

さくいん

ＳＡＮＮＯ仕事術シリーズ

産業能率大学出版部は、マネジメントの総合教育・研究機関である（学）産業能率大学の関連出版部門として、これまで実務に役立つ数多くの経営書・一般教養書などを発行してきました。

本シリーズは、これまで培ってきたノウハウを生かし、ビジネスパーソンが仕事を効率よく進め、確実に成果を上げるために必要なさまざまな「ビジネス基礎力」について、実務に生かせる実践的ビジネス書としてまとめ、シリーズ化して刊行されたものです。

著者紹介

日沖　健（ひおき　たけし）

日沖コンサルティング事務所・代表、産業能率大学（総合研究所・マネジメント大学院）・講師、中小企業大学校・講師。
経営戦略・経営計画のコンサルティング・研究・企業研修を行う。
慶應義塾大学卒、Arthur D. Little School of Management修了 MBA with Distinction、日本石油勤務を経て、2002年より現職。

〔著書〕
『コンサルタントを使って会社を変身させる法』同友館（2000）
『戦略的トップ交代』NTT出版（2001）
『戦略的事業撤退』NTT出版（2002）
『成功する新規事業戦略』産業能率大学出版部（2006）
『実践ロジカルシンキング』産業能率大学出版部（2008）
『リーダーの問題解決法』同友館（2008）など。

【連絡先】hiokiti@soleil.ocn.ne.jp

問題解決の技術
―実践的な進め方と手法を身につける―

〈検印廃止〉

著　者　日沖　健
発行者　栽原　敏郎
発行所　産業能率大学出版部
東京都世田谷区等々力6-39-15　〒158-8630
（電話）03（6266）2400
（FAX）03（3211）1400
（振替口座）00100-2-112912

2010年2月24日　初版1刷発行

印刷所／渡辺印刷　製本所／協栄製本

（落丁・乱丁本はお取り替えいたします）　ISBN 978-4-382-05616-9